5790 — 25

Br bleu

10 novembre

LETTRES
A SON
ALTESSE
MONSEIGNEUR
LE PRINCE DE ****.

LETTRES
A SON
ALTESSE
MONSEIGNEUR
LE PRINCE DE ****.

Sur Rabelais & sur d'autres auteurs accusés d'avoir mal parlé de la Religion Chrêtienne.

A AMSTERDAM,

Chez MARC MICHEL REY.

1767.

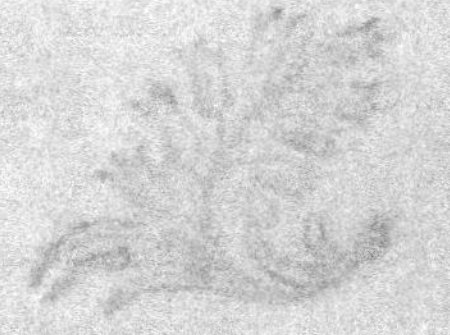

LETTRE SUR RABELAIS.

MONSEIGNEUR,

PUIS que Votre Alteſſe veut connaître à fond Rabelais, je commencerai par vous dire, que ſa vie, qui eſt imprimée au commencement de ſon Gargantua, eſt auſſi fauſſe & auſſi abſurde que l'Hiſtoire de Gargantua même; on y trouve que le Cardinal du Belley l'ayant mené à Rome, & ce Cardinal ayant baiſé le pié droit du Pape, & enſuite la bouche, Rabelais dit, qu'il lui voulait baiſer le derriére, & qu'il fallait que le St. Pére commençât par le laver. Il y a des choſes que le reſpect du lieu, de la bienséance & de la personne rend impossibles. Cette historiette ne peut avoir été imaginée que par des gens de la lie du Peuple dans un Cabaret.

Sa prétenduë Requête au Pape est du même genre : On suppose qu'il pria le Pape de l'excommunier, afin qu'il ne fût pas brûlé ; parce que, disait-il, son Hôtesse ayant voulu faire bruler un fagot & n'en pouvant venir à bout, avait dit que ce fagot était excommunié de la gueule du Pape.

L'avanture qu'on lui suppose à Lyon est aussi fausse & aussi peu vraisemblable : on prétend que n'ayant ni de quoi payer son auberge, ni de quoi faire le voyage de Paris, il fit écrire par le fils de l'Hôtesse ces étiquettes sur des petits sachets : *Poison pour faire mourir le Roi, poison pour faire mourir la Reine, &c.* Il usa, dit-on, de ce stratagême pour être conduit & nourri jusqu'à Paris, sans qu'il lui en coutât rien, & pour faire rire le Roi : on ajoute que c'était dans le tems même que le Roi, & toute la France pleutaient le Dauphin *François* en 1536. qu'on avait crû empoisonné, & lorsqu'on venait d'écarteler Montécuculi soupçonné de cet empoisonnement. Les Auteurs de cette platte historiette n'ont pas fait réflexion que sur une demi-preuve aussi terrible, on aurait jetté Rabelais dans un cachot, qu'il aurait été chargé de fers, qu'il aurait subi probablement la question ordinaire & extraordinaire, & que dans des circonstances aussi funestes, & dans une accusation aussi grave, une mauvaise plaisanterie n'aurait pas servi à sa justification. Presque toutes les Vies des Hommes célébres ont été défigurées par des contes, qui ne méritent pas plus de croyance.

Son Livre à la vérité est un ramas des plus impertinentes & des plus grossiéres ordures qu'un Moine yvre puisse vomir; mais aussi il faut avoüer que c'est une Satyre très-curieuse du Pape, de l'Eglise, & de tous les événemens de son tems. Il voulut se mettre à couvert sous le masque de la folie; il le fait assez entendre lui-même dans son prologue : *Poſez le cas*, dit-il, *qu'au ſens littéral vous trouvez matiéres aſſez joyeuſes & bien correſpondantes au nom, toutefois pas demeurer là ne faut, comme au chant des Sirénes, ains à plus haut ſens interpréter ce que par avanture cuidiez dit en gayeté de cœur. Veites vous oncques chien, rencontrant quelque os médullaire? c'eſt comme dit Platon Lib. 2. de Rep. la bête du monde plus philoſophe, ſi vous l'avez, vous avez pû noter de quelle dévotion il le guétte, de quel ſoing il le garde, de quelle ferveur il le tient, de quelle prudence il l'entomme, de quelle affection il le briſe, & de quelle diligence il le ſugce. Qui l'induict à ce faire? quel eſt l'eſpoir de ſon étude? quel bien prétend-il? rien plus qu'ung peu de moüelle.*

Mais qu'arrive-t-il? très-peu de Lecteurs reſſemblérent au chien qui ſucce la moëlle. On ne s'attacha qu'aux os, c'eſt-à-dire, aux boufonneries abſurdes, aux obſcénités affreuſes dont le Livre eſt plein. Si malheureuſement pour Rabelais on avait trop pénérré le ſens du Livre, ſi on l'avait jugé ſérieuſement, il eſt à croire qu'il lui en aurait couté la vie, comme à tous ceux, qui dans ce tems-là écrivaient contre l'Eglise Romaine.

Il est clair que Gargantua est François I., Louis XII. est grand Gousier, quoiqu'il ne fût pas le pére de François, & Henri II. est Pantagruel: l'éducation de Gargantua, & le chapitre des torches cu, sont une Satyre de l'éducation qu'on donnait alors aux Princes: les couleurs blanc & bleu désignent évidemment la livrée des Rois de France.

La guerre pour une charrette de fouasses, est la guerre entre Charles V. & François I., qui commença pour une querelle très-légère entre la Maison de Bouillon la Marck & celle de Chimay, & cela est si vrai que Rabelais appelle Marckuet le conducteur des fouasses par qui commença la noise.

Les Moines de ce tems-là sont peints très-naïvement sous le nom de Frère Jean des Entomures: Il n'est pas possible de méconnaître Charles-Quint dans le portrait de Picrocole.

A l'égard de l'Eglise, il ne l'épargne

pas. Dès le premier Livre au Chapitre 39. voici comme il s'exprime: „ Que Dieu eſt „ bon qui nous donne ce bon piot! j'ad- „ vouë Dieu que ſi j'euſſe eté au temps „ de Jeſus-Chriſt, j'euſſe bien engardé „ que les Juifs l'euſſent prins au jardin „ d'Olivet. Enſemble le Diable me fail- „ le ſi j'euſſe failli à couper les jarrêts à „ Meſſieurs les Apôtres qui fuirent tant „ lâchement après qu'ils eurent bien „ ſoupé, & laiſſérent leur bon Maître „ au beſoing. Je hais plus que poiſon un „ homme qui fuit quand il faut jouer „ des couteaux. Hon, que je ne ſuis „ Roi de France pour quatre-vingt ou „ cent ans! par Dieu, je vous acoutre- „ rais en chiens courtaults les fuyards „ de Pavie.

On ne peut ſe méprendre à la Généalogie de Gargantua, c'eſt une parodie très ſcandaleuſe de la Généalogie la plus reſpectable, *de ceux-là*, dit-il, *ſont venus les Géants, & par eux Pantagruël; le premier fut Calbrot, qui engendra Sarabroth,*

Qui engendra Faribroth.

Qui engendra Hurtaly, qui fut beau

mangeur de soupe, & qui régna du tems du déluge.

Qui engendra Happe-mouche, qui le premier inventa de fumer les langues de bœuf;

Qui engendra Fout-ânon,
Qui engendra Vit de grain,
Qui engendra Grand gousier,
Qui engendra Gargantua,
Qui engendra le noble Pentogruël mon Maître.

On ne s'est jamais tant moqué de tous nos Livres de Théologie que dans le Catalogue des Livres que trouva Pantagruël dans la Bibliothèque de St. Victor, c'est *biga salutis*, *braguetta juris*, *pantoufla decretorum*, la couille-barine des preux, le décret de l'Université de Paris, sur la gorge des filles; l'aparition de Gertrude à une nonain en mal d'enfant, le moutardier de pénitence, *Tartareus de modo cacandi*, l'invention de Ste. Croix par les Clercs de finesse, le couillage des Promoteurs, la Cornemuse des Prélats, la profiterole des Indulgences, *Utrum chimera in vacuo bombinans possit comedere secundas intentio-*

nes ; quæstio debatuta per decem hebdomadas in Concilio Constantiensi ; les brimborions des Céléstins, la ratoire des Théologiens, *Chacouilloris de Magistro*, les aises de la vie Monachale, la patenotre du singe, les grésillons de devotion, le viedase des Abbés &c.

Lorsque Panurge demande conseil à frère Jean des Entomures pour savoir s'il se mariera & s'il sera cocu, Frère Jean récite ses Litanies. Ce ne sont pas les litanies de la Vierge, ce sont les litanies du c. c. mignon, co. moignon, c. patté, co. laitté &c. Cette platte profanation n'eût pas été pardonnable à un Laïque : mais dans un Prêtre!

Après cela Panurge va consulter le Théologal Hipotadée, qui lui dit qu'il sera cocu s'il plait à Dieu. Pantagruël va dans l'isle des Lanternois; ces Lanternois sont les ergoteurs Théologiques qui commencèrent sous le régne de Henri II. ces horribles disputes dont naquirent tant de guerres civiles.

L'Isle de Tohu Bohu, c'est-à-dire de la confusion, est l'Angleterre, qui changea quatre fois de Religion depuis Henry VIII.

On sait assez que l'Isle de Papesiguiére désigne les Hérétiques. On connait les Papimanes; ils donnent le nom de Dieu au Pape. On demande à Panurge s'il est assez heureux pour avoir vû le St. Père, Panurge répond qu'il en a vû trois, & qu'il n'y a guères profité. La Loi de Moïse est comparée à celle de Cibèle, de Diane, de Numa; les Décrétales sont appellées Décrotoires. Panurge assure que s'étant torché le cul avec un feuillet des Décrétales appellées Clémentines, il en eut des hémorroïdes longues d'un demi-pied.

On se moque des basses Messes qu'on appelle Messes séches, & Panurge dit qu'il en voudrait une mouillée, pourvu que ce fût de bon vin. La Confession y est tournée en ridicule. Pantagruël va consulter l'Oracle de la Dive Bouteille pour savoir s'il faut communier sous les deux espèces & boire de bon vin après avoir mangé le pain sacré. Epistémon s'écrie en chemin, *Vivat, fifat, pipat, bibat, c'est le secret de l'Apocalipse.* Frère Jean des Entomures demande une charretée de filles pour se reconforter en cas qu'on lui refuse la Communion sous les deux espèces. On rencontre des Gastrolacs, c'est-à-dire, des possédés. Gaster invente le moyen de n'être pas blessé par le canon ; c'est une raillerie contre tous les miracles.

Avant de trouver l'Isle où est l'Oracle de la Dive Bouteille, ils abordent à l'Isle sonnante, où sont Cagots, Clergots, Monagots, Prétregots, Abbégots, Evégots, Cardingots & enfin le Papegot qui est unique dans son espèce. Les Cagots avaient conchié toute l'Isle sonante. Les Capucingots étaient les animaux les plus puants & les plus maniaques de toute l'Isle.

La fable de l'âne & du cheval, la défense faite aux ânes de baudouiner dans l'écurie, & la liberté que se donnent les ânes de baudouiner pendant le temps de la foire, sont des emblêmes assez intelligibles du célibat des Prêtres, & des débauches qu'on leur imputait.

Les Voyageurs *sont admis devant le Papegot*. Panurge veut jetter *une pierre à un Evêque* qui ronfloit à la Grand-Messe, *Maître Editue* (c'est-à-dire Maître

Sacristain) l'en empêche en lui disant, *Homme de bien frappe, ferris, tuë & meurtris tous Rois, Princes du monde en trahison, par venin ou autrement quand tu voudras, déniche des Cieux les Anges, de tout auras pardon du Papegot: ces sacrés oiseaux ne touches.*

De l'Isle sonnante on va au Royaume de Quintessence, où Entelléchie ; or Entelléchie c'est l'ame. Ce personnage inconnu, & dont on parle depuis qu'il y a des hommes, n'y est pas moins tourné en ridicule que le Pape ; mais les doutes sur l'existence de l'ame sont beaucoup plus enveloppés que les railleries sur la Cour de Rome.

Les Ordres mendians habitent l'isle des Frères Fredons. Ils paraissent d'abord en procession. L'un d'eux ne répond qu'en monosillabes à toutes les questions que Panurge fait sur leurs garces. Combien sont-elles? *Vingt.* Combien en voudriez-vous ? *Cent.*

Le remuement des fesses quel est-il? *dru.*

Que disent-elles en culetant ? *mot.*

Vos instruments quels sont-ils? *grands.*

Quantesfois de bon compte le faites;

vous par jour? *Six.* Et de nuict? *Dix.*

Enfin l'on arrive à l'Oracle de la Dive Bouteille. La coutume alors dans l'Eglise était de présenter de l'eau aux communians laïques pour faire passer l'Hostie; & c'est encor l'usage en Allemagne. Les Réformateurs voulaient absolument du vin pour figurer le sang de Jesus-Christ. L'Eglise Romaine soutenait que le sang était dans le pain aussi-bien que les os & la chair. Cependant les Prêtres Catholiques buvaient du vin & ne voulaient pas que les Séculiers en bussent. Il y avait dans l'Isle de l'Oracle de la Dive Bouteille une belle fontaine d'eau claire. Le Grand Pontife Bacbuc en donna à boire aux Pélerins en leur disant ces mots: „ Jadis ung Capitaine Juif, docte & chevaleureux, „ conduisant son peuple par les déserts „ en extrême famine, impétra des Cieux „ la manne, laquelle leur était de goût „ tel par imagination que paravant leur „ étaient réellement les viandes. Ici de „ même beuvants de cette liqueur mirifi„ que sentirez goût de tel vin comme l'au„ rez imaginé. Or *imaginez*, & *beuvez*: ce

„ que nous feimes, puis s'écria Panurge, „ disant ; Par Dieu, c'est ici vin de Baune, meilleur que oncques jamais je „ beu, ou je me donne à nonante & „ seize Diables.

Le fameux Doyen d'Irlande Swift a copié ce trait dans son Conte du Tonneau, ainsi que plusieurs autres : Milord Pierre donne à Martin & à Jean ses freres un morceau de pain sec pour leur diner, & veut leur faire accroire que ce pain contient de bon bœuf, dés perdrix, des chapons, avec d'excellent vin de Bourgogne.

Vous remarquerez, Monseigneur, que Rabelais dédia la partie de son livre qui contient cette sanglante satyre de l'Eglise Romaine, au Cardinal Odet de Chatillon, qui n'avait pas encore levé le masque, & ne s'était pas déclaré pour la Religion Protestante. Son Livre fut imprimé avec privilège ; & le privilège pour cette satyre de la Religion Catholique fut accordé en faveur des ordures, dont on faisait en ce tems-là beaucoup plus de cas que des Papegots, & des Cardingots. Jamais ce Livre n'a été défendu en France ; parce que tout y eſt caché ſous un tas d'extravagances qui n'ont jamais laiſſé le loiſir de démêler le véritable but de l'Auteur.

Croiriez-vous bien que le boufon qui riait ſi hautement de l'ancien & du nouveau Teſtament ait été Curé ? Comment mourut-il ? en diſant, *Je vais chercher un grand peut-être.*

Le Duchat a chargé de nottes les ouvrages de Rabelais, & ſelon la digne coutume des Commentateurs, il n'explique preſque rien de ce que le Lecteur voudrait entendre ; mais il nous apprend ce que l'on ne ſe ſoucie guères de ſavoir.

SECONDE LETTRE

Sur les Prédécesseurs de Rabelais en Allemagne, & en Italie, & d'abord du Livre intitulé litteræ virorum obscurorum.

Monseigneur,

VOtre Altesse me demande si avant Rabelais quelqu'un avait écrit dans ce goût ; je vous répondrai que probablement son modèle a été le recueil des lettres des *gens obscurs*, qui parut en Allemagne au commencement du seiziéme siècle : ce recueil est en Latin ; mais il est écrit avec autant de naïveté, & de hardiesse que Rabelais. Voici une ancienne traduction d'un passage de la 28e. lettre.

Il y a concordance entre les sacrés cahiers, & les fables poëtiques, comme le pourrez notter, du serpent Python, occis par Apollon comme le dit le Psalmiste. *Ce Dragon qu'avez formé pour vous en gausser.* Saturne vieux père des Dieux qui mange ses enfans est en Ezéchiel, lequel dit, *Vos pêres mangeront leurs enfans.* Diane se pourmenant avec force Vierges est la Bienheureuse Vierge Marie, selon le Psalmiste, lequel dit, *Vierges viendront après elle.* Calisto déflorée par Jupiter & retournant au Ciel est en Matthieu Chap. XII. Je *reviendrai dans la maison dont je suis sortie.* Aglaure transmuée en pierre se trouve en Job ch. XLII. son *cœur s'endurcira comme pierre.* Europe engrossée par Jupiter est en Salomon; *écoute, fille, voi, & incline ton oreille, car le Roi t'a concupiscée.* Ezéchiel a prophétisé d'Actéon qui vit la nudité de Diane; *tu étais nuë, j'ai passé par là, & je t'ai vuë.* Les Poëtes ont écrit que Bacchus est né deux fois, ce qui signifie le *Christ* né *avant les siècles & dans le siècle.* Sémélé qui nourrit Bacchus est le prototype de la bienheureuse Vierge; car il est dit en Exode, *prends cet enfant,* nourri le moi *& tu auras salaire.*

Ces impiétés sont encor moins voilées que celles de Rabelais.

C'est

C'eſt beaucoup que dans ce tems là on commençat en Allemagne à ſe mocquer de la magie. On trouve dans la lettre à Maître Acacius Lampirius une raillerie aſſez forte ſur la conjuration qu'on employait pour ſe faire aimer des filles. Le ſecret conſiſtait à prendre un cheveu de la fille : on le plaçait d'abord dans ſon haut de chauſſe : on faiſait une confeſſion générale, & l'on faiſait dire trois Meſſes, pendant leſquelles on mettait le cheveu autour de ſon cou, on allumait un cierge béni au dernier Evangile, & on prononçait cette formule: *O Cierge! je te conjure par la vertu du Dieu Tout-puiſſant, par les neuf Chœurs des Anges, par la vertu goſdriene, améne-moi icelle fille en chair & en os, afin que je la ſaboule à mon plaiſir &c.*

Le latin macaronique dans lequel ces lettres ſont écrites, porte avec lui un ridicule qu'il eſt impoſſible de rendre en Français; il y a ſurtout une lettre de Pierre de la Charité, meſſager de Grammaire à Ortoouin, dont on ne peut traduire en Français les équivoques latines : il s'agit de ſavoir ſi le Pape peut rendre phisiquement légitime un enfant bâtard: il y en a une autre de Jean de Schwinfordt maître ès arts, où l'on soutient que Jesus-Christ a été moine, St. Pierre Prieur du Couvent, Judas Iscariote maître d'hôtel, & l'Apôtre Philippe portier.

Jean Schelontzigue raconte dans la lettre qui est sous son nom, qu'il avait trouvé à Florence Jacques Hoestrat (grande ruë,) ci-devant Inquisiteur, Je lui fis la révérence, dit-il, en lui ôtant mon chapeau, & je lui dis, Pére, êtes-vous révérend, ou n'êtes-vous pas révérend? il me répondit: *Je suis celui qui suis*; je lui dis alors, Vous êtes maître Jacques de *Grande ruë*; Sacré char d'Elie, dis-je, comment Diable êtes-vous à pied? c'est un scandale; *celui qui est* ne doit pas se promener avec ses pieds en fange & en merde. Il me répondit, *ils sont venus en chariots & sur chevaux, mais nous venons au nom du Seigneur.* Je lui dis, par le Seigneur il est grande pluye, & grand froid: il leva les mains au Ciel en disant, *Rosée du Ciel, tombez d'en-haut, & que les nuées du Ciel pleuvent le juste.*

Il faut avouer que voilà précisément le stile de Rabelais ; & je ne doute pas qu'il n'ait eu sous les yeux ces lettres des gens obscurs lorsqu'il écrivait son Gargantua, & son Pantagruël.

Le conte de la femme qui ayant ouï dire que tous les bâtards étaient de grands hommes, alla vite sonner à la porte des Cordeliers pour se faire faire un bâtard, est absolument dans le goût de notre Maître François.

Les mêmes obcénités, & les mêmes scandales fourmillent dans ces deux singuliers livres.

Des anciennes facéties Italiennes.

L'Italie dès le quatorziéme siècle avait produit plus d'un exemple de cette licence. Voyez seulement dans Bocace la confession de Ser Ciapelleto à l'article de la mort ; son Confesseur l'interroge ; il lui demande s'il n'est jamais tombé dans le péché d'orgueil ; ah ! mon Pere, dit le coquin ; j'ai bien peur de m'être damné par un petit mouvement de complaisance en moi-même, en réfléchissant que j'ai gardé ma virginité toute ma vie. Avez-vous été gourmand ? hélas oui, mon pére, car outre les autres jours de jeûne ordonnés, j'ai toujours jeuné au pain & à l'eau trois fois par semaine ; mais j'ai mangé mon pain quelquefois avec tant d'apétit & de délice, que ma gourmandise a sans doute déplu à Dieu. Et l'avarice, mon fils ? Hélas, mon père, je suis coupable du péché d'avarice, pour avoir quelquefois fait le commerce afin de donner tout mon gain aux pauvres. Vous êtes-vous mis quelquefois en colére ? Oh tant ! quand je voiais le service divin si négligé & les pécheurs ne pas observer les commandemens de Dieu, comme je me mettais en colère !

Ensuite Ser Ciapelletto s'accuse d'avoir fait balayer sa chambre un jour de Dimanche ; le Confesseur le r'assure & lui dit que Dieu lui pardonnera ; le pénitent fond en larmes, & lui dit que Dieu ne lui pardonnera jamais ; qu'il se souvient qu'à l'âge de deux ans il s'était dépité contre sa mére, que c'était un crime irrémiſſible; ma pauvre mére, dit-il, qui m'a porté neuf mois dans ſon ventre le jour & la nuit, & qui me portait dans ſes bras quand j'étais petit! Non, Dieu ne me pardonnera jamais d'avoir été un ſi méchant enfant!

Enfin, cette confeſſion étant devenue publique, on fait un Saint de Ciappelleto, qui avait été le plus grand fripon de ſon tems.

Le Chanoine Luigi Pulci eſt beaucoup plus licentieux dans ſon poëme du Morgante. Il commence ce poëme par tourner en ridicule les premiers verſets de l'Evangile de St. Jean.

In principio era il Verbo appreſſo a Dio
Ed era Iddio il Verbo, e el Verbo lui,
Queſto era il principio al parer mio &c.

J'ignore après tout, ſi c'eſt par naïveté, ou par impiété que le Pulci ayant mis l'Evangile à la tête de ſon poëme le finit par le *Salve Regina*; mais ſoit puérilité, ſoit audace, cette liberté ne ſerait pas ſoufferte aujourd'hui: on condamnerait plus encore la réponſe de Morgante à Margutte: ce Margutte, demande à Morgante s'il eſt Chrétien ou Muſulman.

E ſe gli crede in Criſto o in Maometto.
Reſpoſe allor Margutte, per dir tel toſto
Io non credo più al nero che al azurro ;
Ma nel Cappone o leſſo o voglia arroſto.
. . . .
Ma ſopra tutto nel bon vino ho fede.
. . . .
Or queſte ſon' tre virtu Cardinale !
La gola, il dado, el culo come io t'ho detto.

Une choſe bien étrange c'eſt que preſque tous les Ecrivains Italiens du XIV. XV. & XVI. ſiécle ont très-peu reſpecté cette même réligion dont leur patrie était le centre : plus ils voyaient de près les auguſtes cérémonies de ce culte, & les premiers Pontifes ; plus ils s'abandonnaient à une licence que la Cour de Rome ſemblait alors autoriſer par ſon exemple. On pouvait leur appliquer ces vers du Paſtor fido.

Il longo converſar genera noia,
E la noia il faſtidio, e l'odio al fine.

Les libertés qu'ont priſes Machiavel, l'Arioſte, l'Aretin, l'Archevêque de

Benevent La Casa, Pomponace, Cardan, & tant d'autres savans, sont assez connues; les Papes n'y faisaient nulle attention, & pourvu qu'on achetât des indulgences & qu'on ne se mêlat point du Gouvernement, il était permis de tout dire. Les Italiens alors ressemblaient aux anciens Romains qui se moquaient impunément de leurs Dieux; mais qui ne troublérent jamais le culte reçu.

Il n'y eut que Giordano Bruno qui ayant bravé l'Inquisiteur à Venise, & s'étant fait un ennemi irréconciliable d'un homme si puissant & si dangereux, fut recherché pour son livre *della bestia triumphante*; on le fit périr par le supplice du feu, supplice inventé parmi les Chrêtiens contre les hérétiques. Ce livre très rare est pis qu'hérétique; l'Auteur n'admet que la loi des Patriarches, la loi naturelle; il fut composé, & imprimé à Londres chez le Lord Philippe Sidney, l'un des plus grands hommes d'Angleterre, favori de la Reine Elisabeth.

Parmi les incrédules on range communément tous les Princes & les politiques d'Italie du quatorziéme, quinziéme, & seiziéme siécle. On prétend que si le Pape Sixte IV. avait eû de la Religion, il n'aurait pas trempé dans la conspiration des Pazzi, pour laquelle on pendit l'Archevêque de Florence en habits Pontificaux aux fenêtres de l'Hôtel de Ville. Les assassins des Médicis qui exécutèrent leur parricide dans la Cathédrale au moment que le prêtre montrait l'Eucharistie au peuple, ne pouvaient, dit-on, croire à l'Eucharistie : il parait impossible qu'il y eût le moindre instinct de réligion dans le cœur d'un Alexandre VI. qui faisait périr par le stilet, par la corde, ou par le poison tous les petits Princes dont il ravissait les Etats, & qui leur accordait des indulgences *in articulo mortis* dans le tems qu'ils rendaient les derniers soupirs.

On ne tarit point sur ces affreux exemples. Hélas! Monseigneur, que prouvent-ils? Que le frein d'une Réligion pure, dégagée de toutes les superstitions qui la deshonorent & qui peuvent la rendre incroyable, était absolument nécessaire à ces grands criminels. Si la Réligion avait été épurée, il y aurait eu moins d'incrédulité, & moins de forfaits. Quiconque croit fermement un Dieu rémunérateur de la vertu, & vengeur du crime, tremblera sur le point d'assassiner un homme innocent, & le poignard lui tombera des mains ; mais les Italiens alors ne connaissant le Christianisme que par des légendes ridicules, par les sottises & les fourberies des Moines, s'imaginaient qu'il n'est aucune Réligion, parce que leur Réligion ainsi deshonorée leur paraissait absurde. De ce que Savonarole avait été un faux prophête, ils concluaient qu'il n'y a point de Dieu ; ce qui est un fort mauvais argument. L'abominable politique de ces tems affreux leur fit commettre mille crimes : leur philosophie non moins affreuse étouffa leurs remords ; ils voulurent anéantir le Dieu qui pouvait les punir.

TROISIEME LETTRE.

Sur Vanini.

Monſeigneur,

VOus me demandez des mémoires ſur Vanini; je ne puis mieux faire que de tranſcrire ici ce qui en eſt raporté dans la ſixiéme edition d'un petit ouvrage compoſé par une ſociété de gens de Lettres, attribué très mal à propos à un homme célèbre (p. 41.)

Franchiſſons tout l'eſpace des temps entre la république Romaine & nous. Les Romains bien plus ſages que les Grecs, n'ont jamais perſécuté aucun philoſophe pour ſes opinions. Il n'en eſt pas ainſi chez les peuples barbares qui ont ſuccédé à l'Empire Romain. Dès que l'Empereur Fréderic II. a des querelles avec les Papes, on l'accuſe d'être Athée, & d'être l'auteur du livre des trois Impoſteurs, conjointement avec ſon Chancelier de Vineis.

Nôtre grand Chancelier de l'Hôpital se déclare-t-il contre les persécutions ? on l'accuse aussi-tôt d'athéïsme (*) : *homo doctus, sed verus atheus.* Un Jésuite autant au dessous d'Aristophane, qu'Aristophane est au dessous d'Homère ; un malheureux dont le nom est devenu ridicule parmi les fanatiques mêmes, le jésuite Garasse, en un mot, trouve partout des Athéïstes : c'est ainsi qu'il nomme tous ceux contre lesquels il se déchaine. Il appelle Théodore de Bèze Athéïste ; c'est lui qui a induit le public en erreur sur Vanini.

La fin malheureuse de Vanini ne nous émeut point d'indignation & de pitié comme celle de Socrate, parce que Vanini n'était qu'un pédant étranger sans mérite ; mais enfin Vanini n'était point Athée, comme on l'a prétendu, il était précisément tout le contraire.

C'était un pauvre prêtre Napolitain, prédicateur & théologien de

(*) Commentarium rerum Gallicarum Lib. 28.

ſon métier ; diſputeur à outrance ſur les quiddités , & ſur les univerſaux ; *& utrum chimera bombinans in vacuo poſſit comedere ſecundas intentiones.* Mais d'ailleurs , il n'y avait veine en lui qui tendit à l'athéïſme. Sa notion de Dieu eſt de la théologie la plus ſaine , & la plus approuvée. *Dieu eſt ſon principe & ſa fin , père de l'une & de l'autre , & n'ayant beſoin ni de l'une ni de l'autre ; éternel ſans être dans le temps ; préſent partout ſans être en aucun lieu. Il n'y a pour lui ni paſſé ni futur ; il eſt partout & hors de tout ; gouvernant tout & ayant tout créé ; immuable , infini ſans parties ; ſon pouvoir eſt ſa volonté &c.*

Vanini ſe piquait de renouveller ce beau ſentiment de Platon , embraſſé par Averroës , que Dieu avait créé une chaine d'êtres depuis le plus petit juſqu'au plus grand , dont le dernier chainon eſt attaché à ſon trône éternel ; idée à la vérité plus ſublime que vraie , mais qui eſt auſſi éloignée de l'athéïſme que l'être du néant.

Il voyagea pour faire fortune & pour disputer ; mais malheureusement la dispute est le chemin oposé à la fortune ; on se fait autant d'ennemis irréconciliables qu'on trouve de savants ou de pédants, contre lesquels on argumente. Il n'y eut point d'autre source du malheur de Vanini ; sa chaleur & sa grossiéreté dans la dispute lui valut la haine de quelques Théologiens ; & ayant eu une querelle avec un nommé Francon ou Franconi, ce Francon ami de ses ennemis, ne manqua pas de l'accuser d'être Athée enseignant l'athéïsme.

Ce Francon, ou Franconi, aidé de quelques témoins, eut la barbarie de soutenir à la confrontation, ce qu'il avait avancé. Vanini sur la sellette, interrogé sur ce qu'il pensait de l'existence de Dieu, répondit qu'il adorait avec l'église un Dieu en trois personnes. Ayant pris à terre une paille, il suffit de ce fétu, dit-il, pour prouver qu'il y a un Créateur. Alors il prononça un très beau discours sur la végétation & le mouvement, & ſur la néceſſité d'un Etre Suprême, ſans lequel il n'y aurait ni mouvement ni végétation.

Le Préſident Grammont qui était alors à Toulouſe, raporte ce diſcours dans ſon hiſtoire de France, aujourd'hui ſi oubliée; & ce même Grammont, par un préjugé inconcevable, prétend, *que Vanini diſait tout cela par vanité, ou par crainte, plutôt que par une perſuaſion intérieure.*

Sur quoi peut être fondé ce jugement téméraire & atroce du Préſident Grammont? Il eſt évident que ſur la réponſe de Vanini, on devait l'abſoudre de l'accuſation d'Athéïſme. Mais qu'arriva-t-il? ce malheureux prêtre étranger ſe mêlait auſſi de médecine; on trouva un gros crapaud vivant qu'il conſervait chez lui dans un vaſe plein d'eau; on ne manqua pas de l'accuſer d'être ſorcier; on ſoutint que ce crapaud était le Dieu qu'il adorait; on donna un ſens impie à pluſieurs paſſages de ſes livres, ce qui eſt très aiſé & très commun, en prenant les objections pour les réponſes, en interprétant avec malignité quelque phraſe louche, en empoiſonnant une expreſſion innocente. Enfin, la faction qui l'opprimait arracha des Juges l'arrêt qui condamna ce malheureux à la mort.

Pour juſtifier cette mort il falait bien accuſer cet infortuné de ce qu'il y avait de plus affreux. Le minime, & très minime Merſenne a pouſſé la démence juſqu'à imprimer que Vanini était parti de Naples avec douze de ſes Apôtres, pour aller convertir toutes les nations à l'athéïſme. Quelle pitié! Comment un pauvre aurait-il pu avoir douze hommes à ſes gages? Comment aurait-il pû perſuader douze Napolitains de voyager à grands frais pour répandre partout cette abominable & révoltante doctrine au péril de leur vie? Un Roi ſerait-il aſſez puiſſant pour payer douze prédicateurs d'athéïſme? Perſonne avant le père Merſenne n'avait avancé une ſi énorme abſurdité. Mais après lui on l'a répétée, on en a infecté les Journaux, les

Dictionnaires historiques ; & le monde qui aime l'extraordinaire, a crû sans examen cette fable.

Bayle lui-même, dans ses pensées diverses, parle de Vanini comme d'un Athée : il se sert de cet exemple pour apuyer son paradoxe, *qu'une société d'Athées peut subsister* ; il assure que Vanini était ûn homme de mœurs très réglées, & qu'il fut le martir de son opinion philosophique. Il se trompe également sur ces deux points ; le prêtre Vanini nous aprend dans ses dialogues faits à l'imitation d'Erasme, qu'il avait eû une maitresse nommée Isabelle. Il était libre dans ses écrits comme dans sa conduite, mais il n'était point Athée.

Un siècle après sa mort, le savant La Croze, & celui qui a pris le nom de Philalète, ont voulu le justifier ; mais comme personne ne s'intéresse à la mémoire d'un malheureux Napolitain, très mauvais Auteur, presque personne ne lit ses Apologies.

J'a

J'ajouterai à ces ſages réflexions, qu'on imprima une vie de Vanini à Londres en 1717. Elle eſt dédiée à Mylord North and Grei. C'eſt un Français réfugié ſon Chapelain qui en eſt l'auteur. C'eſt aſſez de dire pour faire connaître le perſonnage, qu'il s'apuie dans ſon hiſtoire ſur le témoignage du Jéſuite Garaſſe, le plus abſurde & le plus inſolent calomniateur, & en même temps le plus ridicule écrivain qui jamais ait été chez les Jéſuites. Voici les paroles de Garaſſe, citées par le Chapelain, & qui ſe trouvent en effet dans la doctrine curieuſe de ce Jéſuite page 144.

„ Pour Lucile Vanin, il était Napolitain, homme de néant, qui avoit rodé toute l'Italie en chercheur de repues franches, & une bonne partie de la France en qualité de pédant. Ce méchant béliſtre étant venu en Gaſcogne en 1617. faiſait état d'y ſemer avantageuſement ſon yvroie, & faire riche moiſſon d'impieté, cuidant avoir trouvé des eſprits ſuſceptibles de ſes propoſitions. Il ſe gliſſait dans les no-

„ blesses effrontément pour y piquer „ l'escabelle aussi franchement que s'il „ eût été domestique, & aprivoisé de „ tout temps à l'humeur du pays ; mais „ il rencontra des esprits plus forts & „ résolus à la défense de la vérité qu'il „ ne s'était imaginé.

Que pouvez-vous penser, Monseigneur, d'une vie écrite sur de pareils mémoires? Ce qui vous surprendra davantage, c'est que lorsque ce malheureux Vanini fut condamné, on ne lui représenta aucun de ses livres dans lesquels on a imaginé qu'était contenu le prétendu Athéïsme pour lequel il fut condamné. Tous les livres de ce pauvre Napolitain étaient des livres de Théologie & de Philosophie, imprimés avec privilège & aprouvés par des Docteurs de la faculté de Paris. Ses Dialogues même qu'on lui reproche aujourd'hui, & qu'on ne peut guères condamner que comme un ouvrage très ennuieux, furent honorés des plus grands éloges en Français, en Latin, & même en Grec. On voit surtout parmi ces éloges ces vers d'un fameux Docteur de Paris.

Vaninus, vir mente potens ſophiæque magiſter
Maximus, Italiæ decus & nova gloria gentis.

Ces deux vers furent imités depuis en Français :

Honneur de l'Italie, émule de la Grèce,
Vanini fait connoître & chérir la ſageſſe.

Mais tous ces éloges ont été oubliés : & on ſe ſouvient ſeulement qu'il a été brulé vif. Il faut avouer qu'on brule quelquefois les gens un peu légérement ; témoin Jean Hus, Jerome de Prague, le Conſeiller Anne Dubourg, Servet, Antoine, Urbain Grandier, la Maréchale d'Ancre, Morin & Jean Calas ; témoin enfin cette foule innombrable d'infortunés que preſque toutes les Sectes Chrétiennes ont fait périr tour à tour dans les flammes, horreur inconnue aux Perſans, aux Turcs, aux Tartares, aux Indiens, aux Chinois, à la République Romaine, & à tous les peuples de l'antiquité ; horreur à peine abolie parmi nous, & qui fera rougir nos enfans d'être ſortis d'ayeux ſi abominables,

QUATRIEME LETTRE.

Des Auteurs Anglais qui ont eu le malheur d'écrire contre la Religion; & particuliérement de Warburton.

VOtre Alteſſe demande qui ſont ceux qui ont eu l'audace de s'élever, non ſeulement contre l'Egliſe Romaine, mais contre l'Egliſe Chrêtienne; le nombre en eſt prodigieux ſurtout en Angleterre. Un des premiers eſt le Lord Herbert de Cherburi, mort en 1648. connu par ſes traités de la religion des Laïques, & de celle des Gentils.

Hobbes ne reconnut d'autre religion que celle à qui le gouvernement donnait ſa ſanction. Il ne voulait point deux maîtres. Le vrai Pontife eſt le Magiſtrat; cette doctrine ſouleva tout le clergé. On cria au ſcandale, à la nouveauté. Pour du ſcandale, c'eſt-à-dire de ce qui fait tomber, il y en avait;

mais de la nouveauté non; car en Angleterre le Roi était dès longtemps le chef de l'église. L'impératrice de Russie en est le chef dans un païs plus vaste que l'Empire Romain. Le Sénat dans la République était le chef de la religion, & tout Empereur Romain était souverain Pontife.

Le Lord Shaftersbury surpassa de bien loin Herbert & Hobbes pour l'audace & pour le stile. Son mépris pour la religion Chrêtienne éclate trop ouvertement.

La religion naturelle de Voolaston est écrite avec bien plus de ménagement; mais n'aiant pas les agréments de Mylord Shaftersburi, ce livre n'a été guères lu que des philosophes.

De Toland.

Toland a porté des coups beaucoup plus violents. C'était une ame fiére & indépendante; né dans la pauvreté il pouvait s'élever à la fortune s'il avait été plus modéré. La persécution l'irrita; il écrivit contre la religion Chrêtienne par haine & par vengeance.

Dans son premier livre intitulé, *la religion chrétienne sans mystères*, il avait écrit lui-même un peu mistérieusement, & sa hardiesse était couverte d'un voile. On le condamna, on le poursuivit en Irlande : le voile fut bientôt déchiré. Ses origines judaïques, son Nazaréen, son Pantéisticon furent autant de combats qu'il livra ouvertement au Christianisme. Ce qui est étrange, c'est qu'ayant été oprimé en Irlande pour le plus circonspect de ses ouvrages, il ne fut jamais troublé en Angleterre pour les livres les plus audacieux.

On l'accusa d'avoir fini son Pantéisticon par cette priére blasphématoire qui se trouve en effet dans quelques éditions. *Omnipotens & sempiterne Bacche, qui hominum corda donis tuis recreas, concede propitius ut qui hesternis poculis ægroti facti sunt, hodiernis curentur per pocula poculorum, Amen!*

Mais comme cette prophanation était une parodie d'une priére de l'Eglise Romaine, les Anglais n'en furent point choqués. Au reste, il est démontré que cette priére prophane n'eſt point de Toland; elle avait été faite deux cent ans auparavant en France par une societé de buveurs, on la trouve dans le Carême allégoriſé imprimé en 1563. Ce fou de Jéſuite Garaſſe en parle dans ſa doctrine curieuſe livre 2. page 201.

Toland mourut avec un grand courage en 1721. Ses derniéres paroles furent, *je vais dormir.* Il y a encor quelques piéces de vers à l'honneur de ſa mémoire; ils ne ſont pas faits par des prêtres de l'égliſe Anglicane.

De Loke.

C'eſt à tort qu'on a compté le grand philoſophe Loke parmi les ennemis de la religion chrêtienne. Il eſt vrai que ſon livre *du chriſtianiſme raiſonnable* s'écarte aſſez de la foi ordinaire; mais la religion des primitifs appellés Trembleurs, qui fait une ſi grande figure en Penſilvanie, eſt encor plus éloignée du chriſtianiſme ordinaire; & cependant ils ſont réputés chrêtiens.

On lui a imputé de ne point croire

l'immortalité de l'ame, parce qu'il était persuadé que Dieu le maître absolu de tout, pouvait donner (s'il voulait) le sentiment à la pensée & à la matiére. Mr. de Voltaire l'a bien vengé de ce reproche. Il a prouvé que Dieu peut conserver éternellement l'atome, la monade qu'il aura daigné favoriser du don de la pensée. C'était le sentiment du célèbre & saint prêtre Gassendi, pieux défenseur de ce que la doctrine d'Epicure peut avoir de bon. Voyez sa fameuse Lettre à Descartes.

„ D'où vous vient cette notion ? Si „ elle procède du corps, il faut que vous „ ne soiez pas sans extension. Aprenez „ nous comment il se peut faire que „ l'espèce ou l'idée du corps, qui est „ étendu, puisse être reçue dans vous, „ c'est-à-dire dans une substance non „ étendue .... il est vrai que vous „ connaissez que vous pensez, mais „ vous ignorez quelle espèce de sub- „ stance vous êtes, vous qui pensez, „ quoique l'opération de la pensée vous „ soit connue. Le principal de vôtre „ essence vous est caché, & vous ne

„ ſavez point quelle eſt la nature de „ cette ſubſtance dont l'une des opéra- „ tions eſt de penſer „ &c.

Loke mourut en paix en diſant à Madame Masham & à ſes amis qui l'entouraient, *La vie eſt une pure vanité.*

De l'Evêque Tailor & de Tindal.

On a mis peut-être avec autant d'injuſtice, Tailor Evêque de Cannor parmi les mécréants, à cauſe de ſon livre du guide des douteurs.

Mais pour le docteur Tindal auteur du Chriſtianiſme auſſi ancien que le monde, il a été conſtamment le plus intrépide ſoutien de la religion naturelle, ainſi que de la maiſon roiale de Hanovre. C'était un des plus ſavants hommes d'Angleterre dans l'hiſtoire. Il fut honoré juſqu'à ſa mort d'une penſion de deux cent livres ſterling. Comme il ne goutait pas les livres de Pope, qu'il le trouvait abſolument ſans génie & ſans imagination, & ne lui accordait que le talent de verſifier, & de mettre en œuvre l'eſprit des autres, Pope fut ſon implacable ennemi.

Tindal de plus était un Wig ardent, & Pope un Jacobite. Il n'est pas étonnant que Pope l'ait déchiré dans sa Dunciade, ouvrage imité de Driden, & trop rempli de bassesses & d'images dégoutantes.

De Collins.

Un des plus terribles ennemis de la religion chrêtienne a été Antoine Collins grand Trésorier de la Comté d'Essex, bon métaphisicien, & d'une grande érudition. Il est triste qu'il n'ait fait usage de sa profonde dialectique que contre le christianisme. Le Docteur Clarke, célébre Socinien, auteur d'un très bon livre où il démontre l'éxistence de Dieu, n'a jamais pu répondre aux livres de Collins d'une maniére satisfaisante, & a été réduit aux injures.

Ses recherches philosophiques sur la liberté de l'homme, sur les fondements de la religion chrêtienne, sur les prophéties littérales, sur la liberté de penser, sont malheureusement demeurés des ouvrages victorieux.

De Wolston.

Le trop fameux Thomas Wolston, maître-es-arts de Cambridge, se distingua vers l'an 1726 par ses discours contre les miracles de Jesus Christ, & leva l'étendart si hautement qu'il faisait vendre à Londres son ouvrage dans sa propre maison. On en fit trois éditions coup sur coup de dix mille exemplaires chacune.

Personne n'avait encor porté si loin la témérité & le scandale. Il traite de contes puériles & extravagants les miracles & la résurrection de nôtre Sauveur. Il dit que quand Jesus Christ changea l'eau en vin pour des convives qui étaient déja ivres, c'est qu'aparemment il fit du punch. Dieu emporté par le Diable sur le pinacle du temple & sur une montagne dont on voiait tous les roiaumes de la terre, lui parait un blasphême monstrueux. Le Diable envoyé dans un troupeau de deux mille cochons, le figuier séché pour n'avoir pas porté des figues quand ce n'était pas le temps des figues, la transfiguration de Jesus, ses habits devenus tout blancs, sa conversation avec Moïse & Elie, enfin toute son histoire sacrée est travestie en roman ridicule. Wolston n'épargne pas les termes les plus injurieux & les plus méprisants. Il appelle souvent nôtre Seigneur Jesus Christ *The fellow*, ce compagnon, ce garnement, *a wanderer*, un vagabond, *a mendicant fryar*, un frére coupe-chou mendiant.

Il se sauve pourtant à la faveur du sens mistique, en disant que ces miracles sont de pieuses allégories. Tous les bons chrêtiens n'en ont pas moins eu son livre en horreur.

Il y eut un jour une dévote qui en le voyant passer dans la rue lui cracha au visage. Il s'essuia tranquillement & lui dit, *c'est ainsi que les Juifs ont traité votre Dieu*. Il mourut en paix, en disant, *t'is a pass every man must come to*, c'est un terme où tout homme doit arriver. Vous trouverez dans le dictionnaire historique portatif de l'abbé l'Avocat, & dans un nouveau dictionnaire portatif où les mêmes erreurs sont copiées, que Wolſton eſt mort en priſon en 1733. Rien n'eſt plus faux, pluſieurs de mes amis l'ont vu dans ſa maiſon; il eſt mort libre chez lui.

De Warburton.

On a regardé Warburton Evêque de Glocester comme un des plus hardis infidèles qui aient jamais écrit, parce qu'après avoir commenté Shakeſpear, dont les comédies, & même quelquefois les tragédies fourmillent de quolibets licentieux, il a ſoutenu dans ſa légation de Moïſe que Dieu n'a point enſeigné à ſon peuple chéri l'immortalité de l'ame. Il ſe peut qu'on ait jugé cet Evêque trop durement, & que l'orgueil & l'eſprit ſatirique qu'on lui reprocha ait ſoulevé toute la nation. On a beaucoup écrit contre lui. Les deux premiers volumes de ſon ouvrage n'ont paru qu'un vain fatras d'érudition erronée, dans leſquels il ne traite pas même ſon ſujet, & qui de plus ſont contraires à ſon ſujet, puiſqu'ils ne tendent qu'à prouver que tous les légiſlateurs ont établi pour principe de leurs Réligions ; l'immortalité de l'ame ; en quoi même Warburton se trompe ; car ni Sanconiathon le Phénicien, ni le livre des cinq King Chinois, ni Confucius n'admettent ce principe.

Mais jamais Warburton dans tous ses faux fuiants n'a pu répondre aux grands arguments personels dont on l'a accablé. Vous prétendez que tous les sages ont posé pour fondement de la Réligion l'immortalité de l'ame, les peines & les récompenses après la mort ; or Moyse n'en parle ni dans son Décalogue, ni dans aucune de ses loix, donc Moyse de vôtre aveu n'était pas un sage.

Ou il était instruit de ce grand dogme, ou il l'ignorait. S'il en était instruit, il est coupable de ne l'avoir pas enseigné. S'il l'ignorait, il était indigne d'être législateur.

Ou Dieu inspirait Moyse, ou ce n'était qu'un charlatan. Si Dieu inspirait Moyse, il ne pouvait lui cacher l'immortalité de l'ame ; & s'il ne lui a pas apris ce que tous les Egyptiens ſavaient, Dieu l'a trompé & a trompé tout ſon peuple. Si Moyſe n'était qu'un charlatan, vous détruiſez toute la loi Moſaïque, & par conſéquent vous ſappez par le fondement la Réligion Chrétienne bâtie ſur la loi Moſaïque. Enfin, ſi Dieu a trompé Moyſe, vous faites de l'être infiniment parfait un ſéducteur & un fripon. De quelque côté que vous vous tourniez, vous blaſphémez.

Vous croyez vous tirer d'affaire en diſant que Dieu payait ſon peuple comptant, en le puniſſant temporellement de ſes tranſgreſſions, & en le récompenſant par les biens de la terre quand il était fidèle. Cette évaſion eſt pitoyable; car combien de tranſgreſſeurs ont paſſé leurs jours dans les délices! témoin Salomon. Ne faut-il pas avoir perdu le bon ſens ou la pudeur, pour dire que chez les Juifs aucun ſcélerat n'échapait à la punition temporelle? N'eſt-il pas parlé cent fois du bonheur des méchants dans l'écriture?

Nous ſavions avant vous que ni le

Décalogue, ni le Lévitique ne sont mention de l'immortalité de l'ame, ni de sa spiritualité, ni des peines & des récompenses dans une autre vie : mais ce n'était pas à vous à le dire. Ce qui est pardonnable à un Laïque ne l'est pas à un prêtre ; & surtout, vous ne devez pas le dire dans quatre volumes ennuieux.

Voilà ce que l'on objecte à Warburton ; il a répondu par des injures atroces, & il a crû enfin qu'il a raison, parce que son Evêché lui vaut deux mille cinq cent guinées de rentes. Toute l'Angleterre s'est déclarée contre lui malgré ses guinées. Il s'est rendu odieux par la virulence de son insolent caractère beaucoup plus que par l'absurdité de son sistême.

De Bolingbroke.

Mylord Bolingbroke a été plus audacieux que Warburton & de meilleure foi. Il ne cesse de dire dans ses Œuvres Philosophiques que les Athées sont beaucoup moins dangereux que les

les Théologiens; il raisonnait en Ministre d'Etat qui savait combien de sang les querelles Théologiques ont couté à l'Angleterre; mais il devait s'en tenir à proscrire la Théologie & non la Religion Chrétienne, dont tout homme d'état peut tirer de très grands avantages pour le genre humain, en la resserrant dans ses bornes si elle les a franchies. On a publié après la mort du Lord Bolingbroke quelques-uns de ses ouvrages plus violents encor que son Recueil Philosophique; il y déploye une éloquence funeste. Personne n'a jamais écrit rien de plus fort; on voit qu'il avait la Religion Chrétienne en horreur. Il est triste qu'un si sublime génie ait voulu couper par la racine un arbre qu'il pouvait rendre très utile en élaguant ses branches, & en nettoyant sa mousse.

On peut épurer la religion. On commença ce grand ouvrage il y a près de deux cent cinquante années; mais les hommes ne s'éclairent que par degrés. Qui aurait prévu alors qu'on analiserait les rayons du Soleil, qu'on électriserait le tonnerre, & qu'on découvrirait la loi de la gravitation universelle, loi qui préside à l'Univers? Il est temps, selon Bolingbroke, qu'on bannisse la Théologie comme on a banni l'Astrologie judiciaire, la Sorcellerie, la possession du Diable, la baguette divinatoire, la panacée universelle & les Jésuites. La Théologie n'a jamais servi qu'à renverser les loix & qu'à corrompre les cœurs; elle seule fait les Athées; car le grand nombre des Théologiens qui est assez sensé pour voir le ridicule de cette science chimérique, n'en fait pas assez pour lui substituer une saine Philosophie. La Théologie, disent-ils, est selon la signification du mot, la science de Dieu. Or les polissons qui ont profané cette science ont donné de Dieu des idées absurdes; & de-là ils concluent que la divinité est une chimère, parce que la Théologie est chimérique. C'est précisément dire qu'il ne faut ni prendre du quinquina pour la fiévre, ni faire diete dans le plethore, ni être saigné dans l'apoplexie, parce qu'il y a eu de mauvais médecins; c'eſt nier la connaiſſance du cours des aſtres, parce qu'il y a eu des aſtrologues; c'eſt nier les effets évidents de la Chimie, parce que des Chimiſtes charlatans ont prétendu faire de l'or. Les gens du monde encor plus ignorants que ces petits Théologiens, diſent, voilà des bacheliers & des licentiés qui ne croyent pas en Dieu; pourquoi y croirions-nous? Voilà quelle eſt la ſuite funeſte de l'eſprit théologique. Une fauſſe ſcience fait les Athées, une vraie ſcience proſterne l'homme devant la Divinité: elle rend juſte & ſage celui que l'abus de la Théologie a rendu inique & inſenſé.

De Thomas Chubb.

Thomas Chubb eſt un philoſophe formé par la nature. La ſubtilité de ſon génie dont il abuſa, lui fit embraſſer nonſeulement le parti des Sociniens, qui ne regardent Jéſus-Chriſt que comme un homme, mais enfin celui des Théiſtes rigides qui reconnaiſſent un Dieu, & n'admettent aucun mistére. Ses égarements sont méthodiques il voudrait réunir tous les hommes dans une religion qu'il croit épurée parce qu'elle est simple. Le mot de Christianisme est à chaque page dans ses divers ouvrages, mais la chose ne s'y trouve pas. Il ose penser que Jésus-Christ a été de la religion de Thomas Chubb; mais il n'est pas de la religion de Jésus-Christ. Un abus perpétuel des mots est le fondement de sa persuasion. Jésus-Christ a dit, Aimez Dieu & votre prochain, voilà toute la loi, voilà tout l'homme. Chubb s'en tient à ces paroles; il écarte tout le reste. Nôtre Sauveur lui parait un philosophe comme Socrate, qui fut mis à mort comme lui pour avoir combattu les superstitions & les prêtres de son pais. D'ailleurs il a écrit avec retenue, il s'est toujours couvert d'un voile. Les obscurités dans lesquelles il s'envelope lui ont donné plus de réputation que de Lecteurs.

CINQUIEME LETTRE.

Sur Suift.

IL eſt vrai, Monſeigneur, que je ne vous ai point parlé de Swift; il mérite un article à part; c'eſt le ſeul écrivain anglais de ce genre qui ait été plaiſant. C'eſt une choſe bien étrange que les deux hommes à qui on doit le plus reprocher d'avoir oſé tourner la Réligion Chrétienne en ridicule, ayent été deux prêtres ayant charge d'ames. Rabelais fut Curé de Meudon, & Swift fut Doyen de la Cathédrale de Dublin; tous deux lancèrent plus de ſarcaſmes contre le Chriſtianiſme que Moliére n'en a prodigué contre la médecine; & tous deux vécurent & moururent paiſibles, tandis que d'autres hommes ont été perſécutés, pourſuivis, mis à mort pour quelques paroles équivoques.

Mais ſouvent l'un ſe perd où l'autre s'eſt ſauvé,
Et par où l'un périt un autre eſt conſervé.

Le conte du tonneau du Doyen Swift eſt une imitation des trois anneaux. La fable de ces trois anneaux eſt fort ancienne ; elle eſt du temps des croiſades. C'eſt un vieillard qui laiſſa en mourant une bague à chacun de ſes trois enfans ; ils ſe battirent à qui aurait la plus belle ; on reconnut enfin après de longs débats que les trois bagues étaient parfaitement ſemblables. Le bon vieillard eſt le théiſme, les trois enfans ſont la Réligion Juive, la Chrétienne, & la Muſulmane.

L'Auteur oublia les Réligions des Mages & des Bracmanes, & beaucoup d'autres ; mais c'était un Arabe qui ne connaiſſait que ces trois ſectes. Cette fable conduit à cette indifférence qu'on reprocha tant à l'Empereur Fréderic ſecond & à ſon Chancelier De Vineis, qu'on accuſe d'avoir composé le livre *de tribus impoſtoribus*, qui comme vous ſavez n'a jamais exiſté.

Le conte des trois anneaux ſe trouve dans quelques anciens recueils : le Docteur Swift lui a ſubſtitué trois juſte au-corps : l'introduction à cette raillerie impie est digne de l'ouvrage ; c'est une estampe où sont représentées trois maniéres de parler en public ; la premiére est le théatre d'Arlequin & de Gilles, la seconde est un Prédicateur dont la chaire est la moitié d'une futaille, la troisiéme est l'échelle du haut de laquelle un homme qu'on va pendre, harangue le peuple

Un Prédicateur entre Gilles & un pendu ne fait pas une belle figure. Le corps du livre est une histoire allégorique des trois principales sectes qui divisent l'Europe méridionale, la Romaine, la Luthérienne & la Calviniste ; car il ne parle pas de l'Eglise Grecque qui posséde six fois plus de terrein qu'aucune des trois autres, & il laisse là le Mahométisme bien plus étendu que l'Eglise Grecque.

Les trois frères à qui leur vieux bon homme de père a légué trois juste-au-corps tout unis, & de la même couleur, sont Pierre, Martin, & Jean ; c'est-à-dire, le Pape, Luther &

Calvin. L'Auteur fait faire plus d'extravagances à ſes trois héros que Cervantes n'en attribue à ſon Don Quichote, & l'Arioſte à ſon Roland ; mais Mylord Pierre eſt le plus maltraité des trois fréres. Le livre eſt très mal traduit en Français ; il n'était pas poſſible de rendre le comique dont il eſt aſſaiſonné ; ce comique tombe ſouvent ſur des querelles entre l'Egliſe Anglicane & la Presbitérienne, ſur des uſages, ſur des avantures que l'on ignore en France, & ſur des jeux de mots particuliers à la langue anglaiſe. Par exemple le mot qui ſignifie une bulle du Pape en Français, ſignifie auſſi en Anglais un bœuf. C'eſt une ſource d'équivoques & de plaiſanteries entiérement perdues pour un Lecteur Français.

Swift était bien moins ſavant que Rabelais, mais ſon eſprit eſt plus fin & plus délié ; c'eſt le Rabelais de la bonne compagnie. Les Lords Oxford & Bolingbroke firent donner le meilleur bénéfice d'Irlande après l'Archevêché de Dublin, à celui qui avait couvert la religion chrêtienne de ridicule; & Abadie qui avait écrit en faveur de cette religion un livre auquel on prodiguait les éloges, n'eut qu'un malheureux petit bénéfice de village. Mais il est à remarquer que tous deux sont morts fous.

SIXIE-

SIXIEME LETTRE.

Des Allemands.

Monſeigneur,

VOtre Allemagne a eu auſſi beaucoup de grands Seigneurs & de philoſophes accuſés d'irréligion. Vôtre célèbre Corneille Agrippa au 15e. ſiècle, fut regardé non ſeulement comme un ſorcier, mais comme un incrédule ; celà eſt contradictoire; car un ſorcier croit en Dieu, puiſqu'il oſe mêler le nom de Dieu dans toutes ſes conjurations. Un ſorcier croit au diable puiſqu'il ſe donne au diable. Chargé de ces deux calomnies comme Apulée, Agrippa fut bienheureux de n'être qu'en priſon, & de ne mourir qu'à l'hopital. Ce fut lui qui le premier débita que le fruit défendu dont avaient mangé Adam & Eve, était la jouiſſance de l'amour à laquelle ils s'étaient abandonnés avant d'avoir reçu de Dieu la bénédiction nuptiale. Ce fut encor lui qui après avoir cultivé les sciences écrivit le premier contre elles. Il décria le lait dont il avait été nourri, parce qu'il l'avait très mal digéré. Il mourut dans l'hopital de Grenoble en 1535.

Je ne connais vôtre fameux docteur Faustus que par la comédie dont il est le héros, & qu'on joue dans toutes vos provinces de l'Empire. Vôtre Docteur Faustus y est dans un commerce suivi avec le diable. Il lui écrit des lettres qui cheminent par l'air au moyen d'une ficelle. Il en reçoit des réponses. On voit des miracles à chaque acte, & le diable emporte Faustus à la fin de la piéce. On dit qu'il était né en Suabe, & qu'il vivait sous Maximilien premier. Je ne crois pas qu'il ait fait plus de fortune auprès de Maximilien qu'auprès du diable son autre maître.

Le célèbre Erasme fut également soupçonné d'irréligion par les catholiques & par les protestans, parce qu'il se moquait des excès où les uns & les autres tombèrent. Quand deux partis ont tort, celui qui ſe tient neutre, & qui par conſéquent a raiſon, eſt vexé par l'un & par l'autre. La ſtatue qu'on lui a dreſſée dans la place de Roterdam ſa patrie, l'a vengé de Luther & de l'inquiſition.

Melancthon, *terre noire*, fut à peu près dans le cas d'Eraſme. On prétend qu'il changea quatorze fois de ſentiment ſur le péché originel & ſur la prédeſtination. On l'appellait, dit-on, le Prothée d'Allemagne. Il aurait voulu en être le Neptune qui retient la fougue des vents.

Jam cœlum terramque meo ſine numine venti
Miſcere & tantas audetis tollere moles !

Il était modéré & tolérant. Il paſſa pour indifférent. Etant devenu proteſtant il conſeilla à ſa mère de reſter catholique. De là on jugea qu'il n'était ni l'un, ni l'autre.

J'omettrai, ſi vous le permettez, la foule des ſectaires à qui l'on a reproché d'embraſſer des factions plutôt que d'adhérer à des opinions, & de croire à l'ambition ou à la cupidité bien plutôt qu'à Luther & au Pape. Je ne parlerai pas des philosophes accusés de n'avoir eu d'autre évangile que la nature.

Je viens à vôtre illustre Leibnitz. Fontenelle en faisant son éloge à Paris en pleine Académie, s'exprime sur sa religion en ces termes: *on l'accuse de n'avoir été qu'un grand & rigide observateur du droit naturel : ses pasteurs lui en ont fait des réprimandes publiques & inutiles.*

Vous verrez bientôt, Monseigneur, que Fontenelle qui parlait ainsi, avait essuié des imputations non moins graves.

Volf le disciple de Leibnitz a été exposé à un plus grand danger : il enseignait les Mathématiques dans l'Université de Hall avec un succès prodigieux. Le Professeur Théologien *Lange* qui gelait de froid dans la solitude de son école tandis que Volf avait cinq cent auditeurs, s'en vengea en dénonçant Volf comme un Athée. Le feu Roi de Prusse Fréderic Guillaume, qui s'entendait mieux à exercer ſes troupes qu'aux diſputes des ſavants, crut Lange trop aiſément; il donna le choix à Volf de ſortir de ſes états dans vingt-quatre heures ou d'être pendu: le Philoſophe réſolut ſur le champ le problême en ſe retirant à Marbourg où ſes écoliers le ſuivirent, & où ſa gloire & ſa fortune augmentèrent. La Ville de Hall perdit alors plus de quatre cent mille florins par an que Volf lui valait par l'affluence de ſes diſciples; le revenu du Roi en ſouffrit, & l'injuſtice faite au Philoſophe ne retomba que ſur le Monarque. Vous ſavez, Monſeigneur, avec quelle équité & quelle grandeur d'ame le ſucceſſeur de ce Prince répara l'erreur dans laquelle on avait entrainé ſon père.

Il eſt dit à l'article Volf dans un Dictionnaire (*) que Charles Fréderic Philoſophe couronné, ami de Volf, l'éleva à la dignité de Vice-Chancelier de l'Univerſité de l'Electeur de Baviére, & de Baron de

(*) Le Dictionnaire hiſtorique, chez Marc-Michel Rey.

l'Empire. Le Roi dont il eſt parlé dans cet article eſt en effet un Philoſophe, un Savant, un très grand génie, ainſi qu'un très grand Capitaine ſur le Trône, mais il ne s'appelle point Charles; il n'y a point dans ſes Etats d'Univerſité apartenante à l'Electeur de Baviére; l'Empereur ſeul fait des Barons de l'Empire. Ces petites fautes qui ſont trop fréquentes dans tous les Dictionnaires peuvent être aiſément corrigées.

Depuis ce temps la liberté de penſer a fait des progrès étonnants dans tout le Nord de l'Allemagne. Cette liberté même a été portée à un tel excès, qu'on a imprimé en 1766 un Abrégé de l'Hiſtoire Eccléſiaſtique de Fleuri avec une préface d'un ſtile éloquent, qui commence par ces paroles.

„ L'établiſſement de la Religion Chrê-
„ tienne a eu comme tous les Empi-
„ res de faibles commencements. Un
„ Juif de la lie du peuple, dont la
„ naiſſance eſt douteuſe, qui mêle aux
„ abſurdités des anciennes prophéties

„ des préceptes de morale, auquel on „ attribue des miracles, est le héros de „ cette secte: douze Fanatiques se „ répandent d'Orient en Italie, &c.

Il est triste que l'auteur de ce morceau, d'ailleurs profond & sublime, se soit laissé emporter à une hardiesse si fatale à nôtre sainte religion. Rien n'est plus pernicieux. Cependant, cette licence prodigieuse n'a presque point excité de rumeurs. Il est bien à souhaiter que ce livre soit peu répandu. On n'en a tiré, à ce que je présume, qu'un petit nombre d'exemplaires.

Le discours de l'Empereur Julien contre le christianisme, traduit à Berlin par le Marquis d'Argens Chambellan du Roi de Prusse, & dédié au Prince Ferdinand de Brunswick, serait un coup non moins funeste porté à nôtre religion, si l'auteur n'avait pas eu le soin de rassurer par des remarques savantes les esprits effarouchés. L'ouvrage est précédé d'une préface sage & instructive, dans laquelle il rend justice (il est vrai) aux grandes qualités & aux vertus de Julien; mais dans laquelle aussi il avoue les erreurs funestes de cet Empereur. Je pense, Monseigneur, que ce livre ne vous est pas inconnu, & que vôtre christianisme n'en a pas été ébranlé.

SEPTIEME LETTRE.

Sur les Français.

VOus avez, je crois, très bien deviné, Monseigneur, qu'en France il y a plus d'hommes accusés d'impiétés que de véritables impies ; de même qu'on y a vu beaucoup plus de soupçons que d'empoisonneurs. La vivacité peu réfléchie qu'on reproche à cette nation la porte à tous les jugements téméraires ; cette pétulance inquiète a fait que plusieurs auteurs ont écrit avec liberté, & ont été jugés avec cruauté. L'extrême délicatesse des théologiens & des moines leur a toujours fait craindre la diminution de leur crédit ; Ils sont comme des sentinelles qui crient toujours qui vive, & qui pensent que l'ennemi est aux portes: Pour peu qu'ils soupçonnent qu'on leur en veut dans un livre, ils sonnent l'allarme.

De Bonaventure Des Périers.

Un des premiers exemples en France de la persécution fondée sur des terreurs paniques, fut le vacarme étrange qui dura si longtemps au sujet du *cimbalum mundi*, petit livret d'une cinquantaine de pages tout au plus. Il est d'un nommé Bonaventure des Périers, qui vivait au commencement du seiziéme siècle. Ce Des Périers était domestique de Marguerite de Valois sœur de François 1er. Les Lettres commençaient alors à renaître; Des Périers voulut faire en latin quelques dialogues dans le goût de Lucien : il composa quatre dialogues très insipides sur les prédictions, sur la pierre philosophale, sur un cheval qui parle, sur les chiens d'Actéon. Il n'y a pas assurément dans tout ce fatras de plat écolier, un seul mot qui ait le moindre & le plus éloigné raport aux choses que nous devons révérer.

On persuada à quelques docteurs qu'ils étaient désignés par les chiens & par les chevaux. Pour les chevaux ils n'étaient pas accoutumés à cet honneur. Les docteurs aboiérent; aussi-tôt l'ouvrage fut recherché, traduit en langue vulgaire & imprimé: & chaque fainéant d'y trouver des allusions, & les docteurs de crier à l'hérétique, à l'impie, à l'athée. Le livret fut déferé aux Magistrats, le libraire Morin mis en prison, & l'auteur en de grandes angoisses.

L'injustice de la persécution frappa si fortement le cerveau de Bonaventure, qu'il se tua de son épée dans le palais de Marguerite. Toutes les langues des prédicateurs, toutes les plumes des théologiens s'exercèrent sur cette mort funeste. Il s'est défait lui-même, donc il était coupable, donc il ne croyait point en Dieu, donc son petit livre, que personne n'avait pourtant la patience de lire, était le catéchisme des athées; chacun le dit, chacun le crut: *credidi propter quod locutus sum*, *j'ai cru parcé que j'ai parlé*, est la devise des hommes. On répéte une sotise, & à force de la redire on en est persuadé.

Le livre devint d'une rareté extrême; nouvelle raison pour le croire infernal. Tous les auteurs d'anecdotes littéraires, & des dictionnaires, n'ont pas manqué d'affirmer que le *cimbalum mundi* est le Précurseur de Spinosa.

Nous avons encor un ouvrage d'un Conseiller de Bourges, nommé Catherinot, très digne des armes de Bourges: ce grand juge dit, nous avons deux livres impies que je n'ai jamais vus, l'un de *tribus impostoribus*, l'autre *le cimbalum mundi*. Eh mon ami, si tu ne les as pas vus, pourquoi en parles-tu?

Le Minime Mersenne, ce facteur de Descartes, le même qui donne douze apôtres à Vanini, dit de Bonaventure Despériers, *c'est un monstre & un fripon, d'une impieté achevée*. Vous remarquerez qu'il n'avait pas lu son livre. Il n'en restait plus que deux éxemplaires dans l'Europe quand Prosper Marchand le réimprima à Amsterdam en 1711. Alors le voile fut tiré, on ne cria plus à l'impieté, à l'athéisme, on cria à l'ennui, & on n'en parla plus.

De Théophile.

Il en a été de même de Théophile, très célébre dans son temps; c'était un jeune homme de bonne compagnie, faisant très facilement des vers médiocres, mais qui eurent de la réputation; très instruit dans les belles Lettres, écrivant purement en latin, homme de table autant que de cabinet, bien venu chez les jeunes Seigneurs qui se piquaient d'esprit, & surtout chez cet illustre & malheureux Duc de Montmorenci qui après avoir gagné des batailles mourut sur un échafaut.

S'étant trouvé un jour avec deux Jésuites, & la conversation étant tombée sur quelques points de la malheureuse philosophie de son temps, la dispute s'aigrit. Les Jésuites substituèrent les injures aux raisons. Théophile était poëte & gascon, *genus irritabile vatum & Vasconum.* Il fit une petite piéce de vers où les Jésuites n'étaient pas trop bien traités; en voici trois qui coururent toute la France:

Cette grande & noire machine
Dont le souple & le vaste corps
Etend ses bras jusqu'à la Chine.

Théophile même les rapelle dans une épître en vers écrite de sa prison au Roi Louïs XIII. Tous les Jésuites se déchaînérent contre lui. Les deux plus furieux, Garasse & Guerin, deshonorérent la chaire & violérent les loix en le nommant dans leurs sermons, en le traitant d'athée & d'homme abominable, en excitant contre lui toutes leurs dévotes. Un Jésuite plus dangereux, nommé Voisin, qui n'écrivait ni ne prêchait, mais qui avait un grand crédit auprès du Cardinal de la Rochefoucaut, intenta un procès criminel à Théophile, & suborna contre lui un jeune débauché nommé Sajeot qui avait été son écolier, & qui passait pour avoir servi à ses plaisirs infames, ce que l'accusé lui reprocha à la confrontation. Enfin le Jésuite Voisin obtint par la faveur du Jésuite Caussin confesseur du Roi, un décret de prise de corps contre Théophile sur l'accusation d'impieté & d'athéisme. Le malheureux prit la fuite, on lui fit son procès par contumace, il fut brulé en éffigie en 1621. Qui croirait que la rage des Jésuites ne fut pas encor assouvie! Voisin paya un Lieutenant de la Connétablie nommé le Blanc pour l'arrêter dans le lieu de sa retraite en Picardie. On l'enferma chargé de fers dans un cachot aux acclamations de la populace, à qui le Blanc criait, c'est un Athée que nous allons bruler. De là on le mena à Paris à la conciergerie, où il fut mis dans le cachot de Ravaillac. Il y resta une année entiére, pendant laquelle les Jésuites prolongérent son procès pour chercher contre lui des preuves.

Pendant qu'il était dans les fers, Garasse publiait sa doctrine curieuse, dans laquelle il dit que Pasquier, le Cardinal Volsey, Scaliger, Luther, Calvin, Bèze, le Roi d'Angleterre, le Landgrave de Hesse & Théophile sont des *Belistres d'Atheistes & de Carpocratiens*. Ce Garasse écrivait dans son temps comme le misérable ex-jésuite Nonotte a écrit dans le sien: la différence est que l'insolence de Garasse était fondée ſur le crédit qu'avaient alors les Jéſuites, & que la fureur de l'abſurde Nonote eſt le fruit de l'horreur & du mépris où les Jéſuites ſont tombés dans l'Europe; c'eſt le ſerpent qui veut mordre encore quand il a été coupé en tronçons. Théophile fut ſurtout interrogé ſur le Parnaſſe ſatirique, recueil d'impudicités dans le gout de Pétrone, de Martial, de Catulle, d'Auſone, de l'Archevêque de Bénévent la Caza, de l'Evêque d'Angoulême Octavien de St. Gelais, & de Mélin de St. Gelais ſon fils, de l'Aretin, de Chorier, de Marot, de Verville, des épigrammes de Rouſſeau, & de cent autres ſottiſes licentieuſes. Cet ouvrage n'était pas de Théophile. Le Libraire avait raſſemblé tout ce qu'il avait pu de Menard, de Colletet, d'un nommé Frenide, & de quelques Seigneurs de la Cour. Il fut avéré que Théophile n'avait point de part à cette édition, contre laquelle lui-même avait préſenté requête. Enfin les Jéſuites, quelque puiſſants qu'ils fuſſent alors, ne purent avoir la conſolation de le faire bruler, & ils eurent même beaucoup de peine à obtenir qu'il fût banni de Paris. Il y revint malgré eux, protégé par le Duc de Montmorenci, qui le logea dans son hotel où il mourut en 1626 du chagrin auquel une si cruelle persécution le fit enfin succomber.

Des Barreaux.

Le Conseiller au Parlement Des Barreaux qui dans sa jeunesse avait été ami de Théophile & qui ne l'avait pas abandonné dans sa disgrace, passa constamment pour un Athée: & sur quoi? sur un conte qu'on fait de lui sur l'avanture de l'omelette au lard. Un jeune homme à saillies libertines peut très bien dans un cabaret avoir mangé gras un Samedi, & pendant un orage mêlé de tonnerres avoir jetté le plat par la fenêtre, en disant, *voilà bien du bruit pour une omelette au lard*, sans pour celà mériter l'affreuse accusation d'athéisme. C'est sans doute une très grande irrévérence, c'est insulter l'église dans laquelle il était né; c'est se moquer de l'institution des jours maigres, mais ce n'eſt pas nier l'éxiſtence de Dieu. Ce qui lui donna cette réputation ce fut principalement l'indiſcrete témérité de Boileau, qui dans ſa Satire des femmes, laquelle n'eſt pas ſa meilleure, parle de plus d'une Capanée.

Du tonnerre dans l'air bravant les vains carreaux,
Et nous parlant de Dieu du ton de Desbarreaux.

Jamais ce magiſtrat n'écrivit rien contre la Divinité. Il n'eſt pas permis de flétrir du nom d'athée un homme de mérite contre lequel on n'a aucune preuve; celà eſt indigne. On a imputé à Des-Barreaux le fameux ſonnet qui finit ainſi.

Tonne, frape, 'il eſt temps, rends moi guerre pour guerre;
J'adore en périſſant la raiſon qui t'aigrit:
Mais deſſus quel endroit tombera ton tonnerre,
Qui ne ſoit tout couvert du ſang de Jéſus-Chriſt?

Ce ſonnet ne vaut rien du tout. *Jéſus-Chriſt* en vers n'eſt pas tolérable; *rends moi guerre*, n'eſt pas français; *guerre pour guerre* eſt très plat; & *deſſus quel endroit*, eſt déteſtable. Ces vers ſont de l'Abbé de Lavau; & Des Barreaux fut toujours très fâché qu'on les lui attribuat.

De La Motthe le Vayer.

Le ſage La Motthe Le Vayer, Conſeiller d'Etat, précepteur de Monſieur frère de Louïs XIV. & qui le fut même de Louïs XIV. près d'une année, n'eſſuia pas moins de ſoupçons que le voluptueux Des Barreaux. Il y avait encor peu de philoſophie en France. Le traité de la vertu des Payens, & les dialogues d'Orazius Tubero, lui firent des ennemis. Les Janſéniſtes ſurtout qui ne regardaient après St. Auguſtin les vertus des grands hommes de l'antiquité, que comme des *péchés ſplendides*, ſe déchainèrent contre lui. Le comble de l'inſolence fanatique eſt de dire, *nul n'aura de vertu que nous & nos amis; Socrate, Confucius, Marc Aurele, Epictète, ont été des ſcélerats, puiſqu'ils n'étaient pas de nôtre communion.* On eſt revenu aujourd'hui de cette extravagance, mais alors elle dominait. On a raporté dans un ouvrage très curieux, qu'un jour un de ces énergumènes voyant passer La Motthe Le Vayer dans la galerie du Louvre, dit tout haut, voilà un homme sans religion. Le Vayer au lieu de le faire punir se retourna vers cet homme & lui dit, *mon ami, j'ai tant de religion que je ne suis pas de ta religion.*

De St. Evremont.

On a donné quelques ouvrages contre le christianisme sous le nom de St. Evremont, mais aucun n'est de lui. On crut après sa mort faire passer ces dangereux livres à l'abri de sa réputation; & parce qu'en effet on trouve dans ses véritables ouvrages plusieurs traits qui annoncent un esprit dégagé des préjugés de l'enfance. D'ailleurs sa vie Epicurienne, & sa mort toute philosophique servirent de prétexte à tous ceux qui voulaient accréditer de son nom leurs sentiments pernicieux.

Nous avons surtout une analise de la

religion chrêtienne qui lui est attribuée. C'est un ouvrage qui tend à renverser toute la chronologie & presque tous les faits de la Sainte Ecriture. Nul n'a plus aprofondi que l'auteur l'opinion où sont quelques théologiens que l'astronome Plégon avait parlé des ténébres qui couvrirent toute la terre à la mort de nôtre Seigneur Jésus-Christ. J'avoue que l'auteur a pleinement raison contre ceux qui ont voulu s'apuier du témoignage de cet astronome; mais il a grand tort de vouloir combattre tout le systême chrêtien sous prétexte qu'il a été mal défendu.

Au reste, St. Evremont était incapable de ces recherches savantes. C'était un esprit agréable & juste; mais il avait peu de science, nul génie, & son goût était peu sûr: ses discours sur les Romains lui firent une réputation dont il abusa pour faire les plus plattes Comédies, & les plus mauvais vers dont on ait jamais fatigué les lecteurs, qui n'en sont plus fatigués aujourd'hui puisqu'ils ne les lisent plus. On peut le mettre au rang des hommes aimables & pleins d'esprit qui ont fleuri dans le temps brillant de Louïs XIV. mais non pas au rang des hommes ſupérieurs.

De Fontenelle.

Bernard De Fontenelle, depuis Secretaire de l'Académie des Sciences, eut une ſecouſſe plus vive à ſoutenir. Il fit inſérer en 1686 dans la République des Lettres de Bayle, une relation de l'île de Borneo fort ingénieuſe; c'était une allégorie ſur Rome & Genève; elles étaient déſignées ſous le nom de deux ſœurs, Mero & Enegue. Mero était une Magicienne tirannique; elle éxigeait que ſes ſujets vinſſent lui déclarer leurs plus ſecrettes penſées, & qu'enſuite ils lui aportaſſent tout leur argent. Il fallait avant de venir lui baiſer les pieds, adorer des os de morts, & ſouvent quand on voulait déjeuner, elle faiſait diſparaître le pain. Enfin ſes ſortilèges & ſes fureurs ſoulevèrent un grand parti contre elle; & ſa ſœur Enegue lui enleva la moitié de ſon Royaume.

Bayle n'entendit pas d'abord la plaiſanterie; mais l'Abbé Terſon l'ayant commentée, elle fit beaucoup de bruit. C'était dans le tems de la révocation de l'édit de Nantes; Fontenelle courait risque d'être enfermé à la Bastille. Il eut la bassesse de faire d'assez mauvais vers à l'honneur de cette révocation, & à celui des Jésuites; on les inséra dans un mauvais recueil intitulé le Triomphe de la Rligion sous Louïs le Grand, imprimé à Paris chez l'Anglois en 1687.

Mais ayant depuis rédigé en Français avec un grand succès la savante histoire des oracles de Vandale, les Jésuites le persécutérent. Le Tellier confesseur de Louïs XIV. rapellant l'allégorie de Mero & d'Enegue, aurait voulu le traiter comme le Jesuite Voisin avait traité Théophile. Il sollicita une lettre de cachet contre lui. Le célèbre Garde des sceaux d'Argenson alors Lieutenant de Police sauva Fontenelle de la fureur de Le Tellier.

Cette anecdote est plus importante que toutes les bagatelles littéraires dont l'Abbé Trublet a fait un gros volume concernant Fontenelle. Elle apprend combien la philosophie est dangereuse quand un fanatique ou un fripon, ou un moine qui eſt l'un & l'autre, a malheureuſement l'oreille du Prince. C'eſt un danger, Monſeigneur, auquel on ne ſera jamais expoſé auprès de vous.

De l'Abbé de St. Pierre.

L'allégorie du Mahométiſme par l'Abbé de St. Pierre fut beaucoup plus frapante que celle de Mero. Tous les ouvrages de cet Abbé, dont pluſieurs paſſent pour des rêveries, ſont d'un homme de bien & d'un citoyen zélé; mais tout s'y reſſent d'un pur théiſme. Cependant, il ne fut point perſécuté, c'eſt qu'il écrivait d'une maniére à ne rendre perſonne jaloux: ſon ſtile n'a aucun agrément; il était peu lu, il ne prétendait a rien: ceux qui le liſaient ſe moquaient de lui, & le traitaient de bon homme. S'il eût écrit comme Fontenelle, il était perdu, ſurtout quand les Jéſuites régnaient encore.

De Bayle.

Cependant s'élevait alors, & depuis plusieurs années l'immortel Bayle, le premier des dialecticiens & des philosophes sceptiques. Il avait déja donné ses pensées sur la comète, ses réponses aux questions d'un provincial, & enfin son Dictionnaire de raisonnement. Ses plus grands ennemis sont forcés d'avouer qu'il n'y a pas une seule ligne dans ses ouvrages qui soit un blasphême évident contre la religion chrêtienne; mais ses plus grands défenseurs avouent que dans les articles de controverse il n'y a pas une seule page qui ne conduise le lecteur au doute, & souvent à l'incrédulité. On ne pouvait le convaincre d'être impie, mais il faisait des impies, en mettant les objections contre nos dogmes dans un jour si lumineux qu'il n'était pas possible à une foi médiocre de n'être pas ébranlée: & malheureusement la plus grande partie des lecteurs n'a qu'une foi très médiocre.

Il est raporté dans un de ces Dictionnaires hiſtoriques où la vérité eſt ſi ſouvent mêlée avec le menſonge, que le Cardinal de Polignac en paſſant par Roterdam demanda à Bayle s'il était Anglican, ou Luthérien, ou Calviniſte, & qu'il répondit, *je ſuis proteſtant, car je proteſte contre toutes les religions.* En premier lieu, le Cardinal de Polignac ne paſſa jamais par Roterdam que lorſqu'il alla conclure la paix d'Utrecht en 1713. après la mort de Bayle.

Secondement, ce ſavant Prélat n'ignorait pas que Bayle né Calviniſte au païs de Foix, & n'aiant jamais été en Angleterre, ni en Allemagne, n'était ni Anglican, ni Luthérien.

Troiſiémement, il était trop poli pour aller demander à un homme de quelle religion il était. Il eſt vrai que Bayle avait dit quelquefois ce qu'on lui fait dire; il ajoutait qu'il était comme Jupiter aſſemble-nuages d'Homère. C'était d'ailleurs un homme de mœurs réglées & ſimples; un vrai philoſophe dans toute l'étendue de ce mot. Il mourut ſubitement après avoir écrit ces mots, *voilà ce que c'eſt que la vérité.*

Il l'avait cherchée toute ſa vie, & n'avait trouvé par tout que des erreurs.

Après lui on a été beaucoup plus loin. Les Maillet, les Boulainvilliers, les Boulangers, les Mesliers, le ſavant Fréret, le dialecticien du Marſai, l'intempérant La Métrie, & bien d'autres, ont attaqué la religion Chrêtienne avec autant d'acharnement que les Porphires, les Celſes & les Juliens.

J'ai ſouvent recherché ce qui pouvait déterminer tant d'écrivains modernes à déployer cette haine contre le chriſtianiſme. Quelques-uns m'ont répondu que les écrits des nouveaux apologiſtes de nôtre religion les avaient indignés. Que ſi ces apologiſtes avaient écrit avec la modération que leur cauſe devait leur inſpirer, on n'aurait pas penſé à s'élever contre eux, mais que leur bile donnait de la bile; que leur colère faiſait naître la colère; que le mépris qu'ils affectaient pour les philoſophes excitait le mépris: de ſorte qu'enfin il eſt arrivé entre les défenſeurs & les ennemis du chriſtianiſme, ce qu'on avait vu entre toutes les communions; on a écrit de part & d'autre avec emportement ; on a mêlé les outrages aux arguments.

De Barbeirac.

Barbeirac est le seul commentateur dont on fasse plus de cas que de son auteur. Il traduisit & commenta le fatras de Puffendorf; mais il l'enrichit d'une préface qui fit seule débiter le livre. Il remonte dans cette préface aux sources de la morale, & il a la candeur hardie de faire voir que les pères de l'Eglise n'ont pas toujours connu cette morale pure, qu'ils l'ont défigurée par d'étranges allégories, comme lorsqu'ils disent que le lambeau de drap rouge exposé à la fenêtre par la cabaretiére Raab, est visiblement le sang de Jésus-Christ ; que Moïse étendant les bras pendant la bataille contre les Amalécites est la croix sur laquelle Jésus expire; que les baisers de la Sunamite sont le mariage de Jésus-Christ avec son Eglise ; que la grande porte de l'arche de Noé désigne le corps humain, & la petite porte désigne l'anus.

Barbeirac ne peut souffrir en fait de morale qu'Augustin devienne persécuteur après avoir prêché la tolérance. Il condamne hautement les injures grossiéres que Jérome vomit contre ses adversaires, & surtout contre Rufin & contre Vigilantius. Il relève les contradictions qu'il remarque dans la morale des pères, & il s'indigne qu'ils aient quelquefois inspiré la haine de la patrie, comme Tertulien qui défend positivement aux chrètiens de porter les armes pour le salut de l'Empire.

Barbeirac eut de violents adversaires qui l'accusérent de vouloir détruire la religion chrêtienne, en rendant ridicules ceux qui l'avaient soutenue par des travaux infatigables. Il se défendit : mais il laissa paraître dans sa déffense un si profond mépris pour les pères de l'Eglise ; il témoigne tant de dédain pour leur fausse éloquence & pour leur dialectique ; il leur préfère si hautement Confucius, Socrate, Zaleucus, Cicéron, l'Empereur Antonin, Epictète, qu'on voit bien que Barbeirac est plutôt le zélé partisan de la justice éternelle & de la loi naturelle donnée de Dieu aux hommes, que l'adorateur des saints mistères du christianisme. S'il s'est trompé en pensant que Dieu est le père de tous les hommes, s'il a eu le malheur de ne pas voir que Dieu ne peut aimer que les Chrêtiens soumis de cœur & d'esprit, son erreur est du moins d'une belle ame; & puisqu'il aimait les hommes, ce n'est pas aux hommes à l'insulter; c'est à Dieu de le juger.

De Mademoiselle Hubert.

Mademoiselle Hubert était une femme de beaucoup d'esprit, & sœur de l'Abbé Hubert très connu de Mgr. vôtre père. Elle s'associa avec un grand Métaphysien pour écrire vers l'an 1740. le livre intitulé la religion essentielle à l'homme. Il faut convenir que malheureusement cette religion essentielle est le pur Théisme tel que les Noachides le pratiquèrent, avant que Dieu eut daigné se faire un peuple chéri dans les déserts de Sinaï & d'Oreb, & lui donner des loix particuliéres. Selon Mademoiſelle Hubert & ſon ami, la religion eſſentielle à l'homme doit être de tous les tems, de tous les lieux, & de tous les eſprits. Tout ce qui eſt miſtère eſt au deſſus de l'homme, & n'eſt pas fait pour lui; la pratique des vertus ne peut avoir aucun raport avec le dogme. La religion eſſentielle à l'homme eſt dans ce qu'on doit faire, & non dans ce qu'on ne peut comprendre. L'intolérance eſt à la religion eſſentielle, ce que la barbarie eſt à l'humanité, la cruauté à la douceur. Voilà le précis de tout le livre. L'auteur eſt très abſtrait : c'eſt une ſuite de lemmes & de théorèmes qui répandent quelquefois plus d'obſcurité que de lumiéres. On a peine à ſuivre cette marche. Il eſt étonnant qu'une femme ait écrit en géomètre ſur une matière ſi intéreſſante : peut-être a-t-elle voulu rebuter des lecteurs qui l'auraient perſécutée, s'ils l'avaient entendue, & s'ils avaient eu du plaiſir en la liſant. Comme elle était proteſtante, elle n'a guéres été lue que par des proteſtants. Un prédicant nommé Deroches l'a refutée, &

même assez poliment pour un prédicant. Les Ministres protestants, Monseigneur, devraient, ce me semble, être plus modérés avec les Théistes, que les Evêques Catholiques & les Cardinaux; car suposé un moment, ce qu'à Dieu ne plaise, que le Théïsme prévalut, qu'il n'y eût qu'un culte simple sous l'autorité des Loix & des Magistrats, que tout fût réduit à l'adoration de l'être suprême rémunérateur & vengeur, les pasteurs protestants n'y perdront rien; ils resteront chargés de présider aux priéres publiques faites à l'être suprême, & seront toujours des Maîtres de morale; on leur conservera leurs pensions, ou s'ils les perdent, cette perte sera bien modique. Leurs antagonistes, au contraire, ont de riches prélatures, ils sont Comtes, Ducs, Princes; ils ont des souverainetés; & quoique tant de grandeurs & de richesses conviennent mal peut-être aux successeurs des Apôtres, ils ne souffriront jamais qu'on les en dépouille: les droits temporels même qu'ils ont acquis sont tellement liés aujourd'hui à la constitution des Etats Catoliques, qu'on ne peut les en priver que par des ſecouſſes violentes.

Or le Théïſme eſt une religion ſans entouſiaſme qui par elle même ne cauſera jamais de révolution. Elle eſt erronée, mais elle eſt paiſible. Tout ce qui eſt à craindre, c'eſt que le Théiſme ſi univerſellement répandu, ne diſpoſe inſenſiblement tous les eſprits à mépriſer le joug des Pontifes, & qu'à la premiére occaſion la Magiſtrature ne les réduiſe à la fonction de prier Dieu pour le peuple; mais tant qu'ils ſeront modérés, ils ſeront reſpectés: il n'y a jamais que l'abus du pouvoir qui puiſſe énerver le pouvoir. Remarquons en effet, Monſeigneur, que deux ou trois cent volumes de Théïſme n'ont jamais diminué d'un écu le revenu des Pontifes Catholiques Romains, & que deux ou trois écrits de Luther & de Calvin leur ont enlevé environ cinquante millions de rente. Une querelle de Théologie pouvait il y a deux cent ans bouleverſer l'Europe: le Théïſme n'attroupera jamais quatre perſonnes. On peut même dire que cette religion en trompant les esprits, les adoucit, & qu'elle apaise les querelles que la vérité mal entendue a fait naître. Quoi qu'il en soit, je me borne à rendre à V. A. un compte fidèle. C'est à vous qu'il appartient de juger.

De Fréret.

L'illustre & profond Fréret était sécretaire perpétuel de l'Académie des Belles-Lettres de Paris. Il avait fait dans les langues Orientales, & dans les ténèbres de l'antiquité, autant de progrès qu'on en peut faire. En rendant justice à son immense érudition, & à sa probité, je suis bien loin d'excuser son hétérodoxie. Non seulement il était persuadé avec St. Irenée que Jésus était âgé de plus de cinquante ans, quand il soufrit le dernier suplice; mais il croyait avec le Targum qu'il n'était point né du tems d'Hérode, & qu'il faut raporter sa naissance au tems du petit Roi Jannée fils d'Hircan. Les Juifs sont les seuls qui ayent eu cette opinion singulière; M. Fréret tâchait de l'appuyer, en prétendant que nos Evangiles n'ont été écrits que plus de quarante ans après l'année où nous plaçons la mort de Jésus, qu'ils n'ont été faits qu'en des langues étrangères & dans des villes très éloignées de Jérusalem, comme Alexandrie, Corinthe, Ephése, Antioche, Ancyre, Thessalonique, toutes Villes d'un grand commerce, remplies de Thérapeutes, de disciples de Jean, de Judaïtes, de Galiléens divisés en plusieurs sectes. De là vient, dit-il, qu'il y eut un très grand nombre d'Evangiles tout différents les uns des autres, chaque société particuliére & cachée voulant avoir le sien. Fréret prétend que les quatre qui sont restés canoniques ont été écrits les derniers. Il croit en aporter des preuves incontestables; c'est que les premiers Pères de l'Eglise citent très souvent des paroles qui ne se trouvent que dans l'Evangile des Egyptiens, ou dans celui des Nazaréens, ou dans celui de St. Jacques, & que Justin est le premier qui cite expressément les Evangiles reçus.

Si ce dangereux sistême était accrédité,

il s'ensuivrait évidemment que les livres intitulés de Mathieu, de Jean, de Marc, & de Luc, n'ont été écrits que vers le tems de l'enfance de Justin, environ cent ans après notre ère vulgaire. Cela seul renverserait de fond en comble notre Réligion. Les Mahométans qui virent leur faux prophéte débiter les feuilles de son Koran, & qui les virent après sa mort rédigées solemnellement par le Calife Abubeker, triompheraient de nous; ils nous diraient: *Nous n'avons qu'un Alcoran, & vous avez eu cinquante Evangiles: nous avons précieusement conservé l'original, & vous avez choisi au bout de quelques siécles quatre Evangiles dont vous n'avez jamais connu les dates. Vous avez fait votre Réligion piéce à piéce, la notre a été faite d'un seul trait, comme la Création. Vous avez cent fois varié, & nous n'avons changé jamais.*

Graces au Ciel, nous ne sommes pas réduits à ces termes funestes. où en serions nous, si ce que Fréret avance était vrai? Nous avons assez de preuves de l'antiquité des quatre Evangiles:

St. Irénée dit expressément qu'il n'en faut que quatre.

J'avoue que Fréret réduit en poudre les pitoyables raisonnements d'Abadie. Cet Abadie prétend que les premiers Chrêtiens mouraient pour les Evangiles, & qu'on ne meurt que pour la vérité. Mais cet Abadie reconnait que les premiers Chrêtiens avaient fabriqué de faux Evangiles. donc, selon Abadie même, les premiers Chrétiens mouraient pour le mensonge. Abadie devait considérer deux choses essentielles; premiérement qu'il n'est écrit nulle part que les premiers Martyrs ayent été interrogés par les Magistrats sur les Evangiles; secondement qu'il y a des Martyrs dans toutes les Communions. Mais si Fréret terrasse Abadie, il est renversé lui-même par les miracles que nos quatre Saints Evangiles véritables ont opérés. il nie les miracles, mais on lui opose une nuée de témoins; il nie les témoins, & alors il ne faut que le plaindre.

Je conviens avec lui qu'on s'est servi trop souvent de fraudes pieuses; je conviens qu'il eſt dit dans l'apendix du premier Concile de Nicée que pour diſtinguer tous les livres canoniques des faux, on les mit pêle-mêle ſur une grande table, qu'on pria le St. Eſprit de faire tomber à bas tous les apocrifes; auſſi-tôt ils tombèrent, & il ne reſta que les véritables. J'avoue enfin que l'Egliſe a été inondée de fauſſes légendes: mais de ce qu'il y a eu des menſonges & de la mauvaiſe foi, s'enſuit-il qu'il n'y ait eû ni vérité ni candeur? Certainement Fréret va trop loin; il renverſe tout l'édifice au lieu de le réparer; il conduit comme tant d'autres le lecteur à l'adoration d'un ſeul Dieu, ſans la médiation du Chriſt. Mais du moins ſon livre reſpire une modération qui lui ferait preſque pardonner ſes erreurs; il ne prêche que l'indulgence & la tolérance; il ne dit point d'injures cruelles aux Chrêtiens comme Mylord Bolingbroke; il ne ſe moque point d'eux comme le Curé Rabelais, & le Curé Suift. C'eſt un Philoſophe d'autant plus dangereux qu'il eſt très inſtruit, très conſéquent, & très modeſte. Il faut eſpérer qu'il ſe trouvera des Savants qui le réfuteront mieux qu'on n'a fait juſqu'à préſent.

Son plus terrible argument eſt que ſi Dieu avait daigné ſe faire homme & Juif, & mourir en Paleſtine par un ſuplice infame, pour expier les crimes du genre humain, & pour bannir le péché de la terre, il ne devait plus y avoir ni péché ni crime: cependant, dit-il, les Chrétiens ont été des monſtres cent fois plus abominables que tous les ſectateurs des autres Religions enſemble; il en aporte pour preuve évidente les maſſacres, les roues, les gibets, & les buchers des Cevênes, & près de cent mille ames péries dans cette Province ſous nos yeux; les maſſacres des Vallées de Piémont, les maſſacres de la Valteline du tems de Charles Borromée, les maſſacres des Anabaptiſtes maſſacreurs & maſſacrés en Allemagne, les maſſacres des Luthériens & des Papiſtes depuis le Rhin juſqu'au fond du Nord, les maſſacres d'Irlande, d'Angleterre,

& d'Ecoſſe du tems de Charles I. maſſacré lui-même ; les maſſacres ordonnés par Marie, & par Henri VIII. ſon pére, les maſſacres de la St. Barthélemi en France, & quarante ans d'autres maſſacres depuis François II. juſqu'à l'entrée de Henri IV. dans Paris ; les maſſacres de l'inquiſition peut-être plus abominables encore parce qu'ils ſe font juridiquement ; enfin les maſſacres de douze millions d'Habitans du nouveau Monde exécutés le crucifix à la main : ſans compter tous les maſſacres faits précédemment au nom de Jéſus-Chriſt depuis Conſtantin, & ſans compter encore plus de vingt Shiſmes, & de vingt guerres de Papes contre Papes, & d'Evêques contre Evêques, les empoiſonnements, les aſſaſſinats, les rapines des Papes Jean XI. Jean XII., des Jean XVIII. des Grégoire VII., des Boniface VIII., des Alexandre VI., & de tant d'autres Papes qui paſſèrent de ſi loin en ſcélérateſſe les Néron, & les Caligula. Enfin il remarque que cette épouvantable chaine preſque perpétuelle de guer-

guerres de Religion pendant quatorze cent années n'a jamais subsisté que chez les Chrêtiens, & qu'aucun peuple hors eux n'a fait couler une goute de sang pour des arguments de Théologie. On est forcé d'accorder à M. Fréret que tout cela est vrai; mais en faisant le dénombrement des crimes qui ont éclaté, il oublie les vertus qui se sont cachées; il oublie surtout que les horreurs infernales dont il fait un si prodigieux étalage sont l'abus de la religion Chrêtienne, & n'en sont pas l'esprit. Si Jésus-Christ n'a pas détruit le péché sur la terre, qu'est-ce que cela prouve? Onen pourrait inférer tout au plus avec les Jansénistes que Jésus-Christ n'est pas venu pour tous, mais pour plusieurs, *pro vobis & pro multis*: mais sans comprendre les hauts mistères, contentons nous, Monseigneur, de les adorer.

De Boulanger.

Le christianisme dévoilé du Sr. Boulanger, n'est pas écrit avec la méthode & la profondeur d'érudition & de critique qui caractérisent le savant Fréret. Boulanger est un philosophe audacieux qui remonte aux sources sans daigner sonder les ruisseaux. Ce philosophe est aussi chagrin qu'intrépide. Les horreurs dont tant d'Eglises Chrêtiennes se sont souillées depuis leur naissance; les lâches barbaries des Magistrats qui ont immolé tant d'honnêtes citoyens aux prêtres ; les Princes qui pour leur plaire ont été d'infâmes persécuteurs; tant de folies dans les querelles Ecclésiastiques, tant d'abominations dans ces querelles, les peuples égorgés ou ruinés, les trônes de tant de prêtres composés des dépouilles & cimentés du sang des hommes; ces guerres affreuses de religion dont le christianisme seul a inondé la terre; ce cahos énorme d'absurdités & de crimes, remue l'imagination du Sr. Boulanger avec une telle puiſſance qu'il va dans quelques endroits de ſon livre juſqu'à douter de la providence divine. Fatale erreur que les buchers de l'inquiſition, & nos guerres religieuſes excuſeraient peut-être ſi elle pouvait être excuſable. Mais nul prétexte ne peut juſtifier l'athéiſme. Quand tous les chrêtiens ſe ſeraient égorgés les uns les autres, quand ils auraient dévoré les entrailles de leurs frères aſſaſſinés pour des arguments, quand il ne reſterait qu'un ſeul chrêtien ſur la terre, il faudrait qu'en regardant le ſoleil il reconnût & il adorât l'être éternel ; il pourrait dire dans ſa douleur, mes pères & mes frères ont été des monſtres, mais Dieu eſt Dieu.

De Monteſquieu.

Le plus modéré & le plus fin des philoſophes a été le Préſident de Monteſquieu. Il ne fut que plaiſant dans ſes Lettres Perſanes, il fut délié & profond dans ſon Eſprit des Loix. Cet ouvrage rempli d'ailleurs de choſes excellentes, & de fautes, ſemble fondé ſur la loi naturelle & sur l'indifférence des réligions: c'est là surtout ce qui lui fit tant de partisans & tant d'ennemis. Mais les ennemis cette fois furent vaincus par les philosophes. Un cri longtemps retenu s'éleva de tous côtés. On vit enfin à découvert les progrès du théisme qui jettait depuis longtemps de profondes racines. La Sorbonne voulut censurer l'Esprit des Loix; mais elle sentit qu'elle serait censurée par le public, elle garda le silence. Il n'y eut que quelques misérables écrivains obscurs, comme un Abbé Guion & un Jésuite, qui dirent des injures au président de Montesquieu, & ils en devinrent plus obscurs encore, malgré la célébrité de l'homme qu'ils attaquaient. Ils auraient rendu plus de service à notre réligion, s'ils avaient combattu avec des raisons; mais ils ont été de mauvais avocats d'une bonne cause.

De La Métrie.

Depuis ce temps, ce fut un déluge d'écrits contre le chriſtianiſme. Le médecin La Métrie, le meilleur commentateur de Boerhaave, abandonna la médecine du corps, pour ſe donner, diſait-il, à la médecine de l'ame. Mais ſon Homme machine fit voir aux théologiens qu'il ne donnait que du poiſon. Il était lecteur du Roi de Pruſſe, & membre de ſon académie de Berlin. Le Monarque content de ſes mœurs & de ſes ſervices, ne daigna pas ſonger ſi La Métrie avait eu des opinions erronées en théologie, il ne penſa qu'au phyſicien, à l'Académicien; & en cette qualité La Métrie eut l'honneur que ce Héros philoſophe daignât faire ſon éloge funéraire. Cet éloge fut lu à l'Académie par un ſécretaire de ſes commandements. Un Roi gouverné par un Jéſuite eût pu proſcrire La Métrie & ſa mémoire; un Roi qui n'était gouverné que par la raiſon, ſépara le philoſophe de l'impie, & laiſſant à Dieu le ſoin de punir l'impieté, protégea & loua le mérite.

Du Curé Meslier.

Le Curé Meslier est le plus singulier phénomène qu'on ait vu parmi tous ces météores funestes à la religion chrêtienne. Il était curé du village d'Etrépigni en Champagne près de Rocroy, & desservait aussi une petite paroisse annexe nommée But. Son père était un ouvrier en serge du village de Mazerni dépendant du Duché de Rethel. Cet homme de mœurs irréprochables & assidu à tous ses devoirs, donnait tous les ans aux pauvres de ses paroisses ce qui lui restait de son revenu. Il mourut en 1733 âgé de cinquante-cinq ans. On fut bien surpris de trouver chez lui trois gros manuscrits de trois cent soixante & six feuillets chacun, tous trois de sa main, & signés de lui, intitulés, *mon Testament*. Il avait écrit sur un papier gris qui envelopait un des trois exemplaires adressés à ses paroissiens, ces paroles remarquables:

„ J'ai vu & reconnu les erreu , les

„ abus, les vanités, les folies, les mé-
„ chancetés des hommes. Je les hais &
„ déteste; je n'ai osé le dire pendant
„ ma vie, mais je le dirai au moins
„ en mourant; & c'est afin qu'on le
„ sache que j'écris ce présent mémoire,
„ afin qu'il puisse servir de témoignage
„ à la vérité à tous ceux qui le ver-
„ ront & qui le liront, si bon leur
„ semble.

Le corps de l'ouvrage est une réfutation naïve & grossiére de tous nos dogmes sans en excepter un seul. Le stile est très rebutant, tel qu'on devait l'attendre d'un Curé de village. Il n'avait eu d'autre secours pour composer cet étrange écrit contre la Bible & contre l'Eglise que la Bible elle-même & quelques pères. Des trois exemplaires il y en eut un que le grand Vicaire de Reims retint: un autre fut envoyé à Mr. le Garde des Sceaux Chauvelin; le troisiéme resta au Greffe de la Justice du lieu. Le Comte de Cailus eut quelque temps entre les mains une de ces trois copies; & bientôt après il y en eut plus de cent dans Paris que l'on vendait dix Louis la piéce. Plusieurs curieux conservent encore ce triste & dangereux monument. Un prêtre qui s'accuse en mourant d'avoir professé & enseigné la Réligion Chrétienne, fit une impression plus forte sur les esprits que les pensées de Pascal.

On devait plutôt, ce me semble, réfléchir sur le travers d'esprit de ce mélancolique prêtre, qui voulait délivrer ses Paroissiens du joug d'une Réligion prêchée vingt ans par lui-même. Pourquoi adresser ce testament à des hommes agrestes qui ne savaient pas lire? & s'ils avaient pu lire, pourquoi leur ôter un joug salutaire, une crainte nécessaire qui seule peut prévenir les crimes secrets? La croyance des peines & des récompenses après la mort est un frein dont le peuple a besoin. La Réligion bien épurée serait le premier lien de la Société.

Ce Curé voulait anéantir toute Réligion, & même la naturelle. Si son livre avait été bien fait, le caractère dont l'Auteur était revêtu en aurait trop imposé aux Lecteurs. On en a fait plusieurs petits abrégés, dont quelques-uns ont été imprimés; ils sont heureusement purgés du poison de l'Atéïsme.

Ce qui est encor plus surprenant, c'est que dans le même temps il y eut un Curé de Bonne nouvelle auprès de Paris, qui osa de son vivant écrire contre la Réligion qu'il était chargé d'enseigner; il fut exilé sans bruit par le Gouvernement. Son manuscrit est d'une rareté extrême.

Longtemps avant ce temps-là l'Evêque du Mans Lavardin avait donné en mourant un exemple non moins singulier; il ne laissa pas à la vérité de testament contre la Réligion qui lui avait procuré un Evêché; mais il déclara qu'il la détestait; il refusa les Sacrements de l'Eglise, & jura qu'il n'avait jamais consacré le pain & le vin en disant la Messe, ni eu aucune intention de batiser les enfans & de donner les ordres quand il avait batisé des Chrêtiens & ordonné des diacres & des prêtres. Cet Evêque se faiſait un plaiſir malin d'embarraſſer tous ceux qui auraient reçu de lui les Sacrements de l'Egliſe : il riait en mourant des ſcrupules qu'ils auraient, & il jouiſſait de leurs inquiétudes : on décida qu'on ne rebatiſerait & qu'on ne réordonnerait perſonne ; mais quelques prêtres ſcrupuleux ſe firent ordonner une ſeconde fois : du moins l'Evêque Lavardin ne laiſſa point après lui de monument contre la Réligion Chrétienne : c'était un voluptueux qui riait de tout, au lieu que le Curé Meſlier était un homme ſombre & un enthouſiaſte ; d'une vertu rigide, il eſt vrai, mais plus dangereux par cette vertu même.

HUI-

HUITIEME LETTRE.

Sur l'Enciclopédie.

Monſeigneur,

VOtre Alteſſe demande quelques détails ſur l'Enciclopédie ; j'obéïs à vos ordres. Cet immenſe projet fut conçu par Meſſieurs Diderot & d'Alembert, deux Philoſophes qui font honneur à la France ; l'un a été diſtingué par les générosités de l'Impératrice de Ruſſie, & l'autre par le refus d'une fortune éclatante offerte par cette Impératrice, mais que ſa philoſophie même ne lui a pas permis d'accepter. Monſieur le Chevalier de Jaucourt d'une ancienne maiſon qu'il illuſtre par ſes vaſtes connaiſſances comme par ſes vertus, ſe joignit à ces deux Savants, & ſe ſignala par un travail infatigable.

Ils furent aidés par Mr. le Comte d'Hérouville, Lieutenant Général des armées du Roi, profondément instruit dans tous les Arts qui peuvent tenir à vôtre grand art de la guerre; par Mr. le Comte de Tressan aussi Lieutenant Général, dont les différents mérites sont universellement reconnus; par Mr. de St. Lambert ancien Officier, qui en faisant des vers mieux que Chapelle, n'en a pas moins aprofondi ce qui regarde les armes. Plusieurs autres Officiers Généraux ont donné d'excellents mémoires de Tactique.

D'habiles ingénieurs ont enrichi ce Dictionnaire de tout ce qui concerne l'attaque & la défense des places. Des Présidents & des Conseillers des Parlements ont fourni plusieurs articles sur la Jurisprudence. Enfin, il n'y a point de science, d'art, de profession, dont les plus grands Maitres n'ayent à l'envi enrichi ce Dictionnaire. C'est le premier exemple & le dernier peut-être sur la terre, qu'une foule d'hommes supérieurs, se soient empressés sans aucun intérêt, sans aucune vue particuliére, sans même celle de la gloire (puisque quelques-uns se sont cachés) à former ce dépot immortel des connaiſſances de l'eſprit humain.

Cet ouvrage fut entrepris ſous les auſpices & ſous les yeux du Comte d'Argenſon, Miniſtre d'Etat capable de l'entendre & digne de le protéger. Le veſtibule de ce prodigieux édifice eſt un diſcours préliminaire composé par Mr. d'Alembert. J'oſe dire hardiment que ce diſcours aplaudi de toute l'Europe, parut ſupérieur à la méthode de Deſcartes, & égal à tout ce que l'illuſtre Chancelier Bacon avait écrit de mieux. S'il y a dans le corps de l'ouvrage des articles frivoles, & d'autres qui ſentent plutôt le déclamateur que le philoſophe, ce défaut eſt bien réparé par la quantité prodigieuſe d'articles profonds & utiles. Les éditeurs ne purent refuſer quelques jeunes gens qui voulurent dans cette collection mettre leurs eſſais à coté des chef-d'œuvres des maîtres : on laiſſa gâter ce grand ouvrage par politeſſe ; c'eſt le ſalon d'Apollon où des peintres médiocres ont quelquefois mêlé leurs tableaux à ceux des Vanlo & des Lemoine. Mais

Vôtre Alteſſe a bien dû s'apercevoir en parcourant l'Enciclopédie, que cet ouvrage eſt préciſément le contraire des autres collections, c'eſt-à-dire que le bon l'emporte de beaucoup ſur le mauvais.

Vous ſentez bien que dans une ville telle que Paris, plus remplie de gens de lettres que ne le furent jamais Athènes & Rome, ceux qui ne furent pas admis à cette entrepriſe importante s'élevèrent contre elle. Les Jéſuites commencèrent ; ils avaient voulu travailler aux articles de théologie, & ils avaient été refuſés. Il n'en fallait pas plus pour accuſer les Enciclopédiſtes d'irréligion, c'eſt la marche ordinaire. Les Janséniſtes voyant que leurs rivaux ſonnaient l'allarme ne reſtèrent pas tranquiles. Il fallait bien montrer plus de zèle que ceux auxquels ils avaient tant reproché une morale commode.

Si les Jéſuites criérent à l'impieté, les Janſéniſtes heurlèrent. Il ſe trouva un convulſionnaire ou convulſioniſte nommé Abraham Chaumeix, qui préſenta à des magiſtrats une accuſation en forme, intitulée Préjugés légitimes contre l'Enciclopédie, dont le premier tome paraiſſait à peine; c'était un étrange aſſemblage que ces mots de *prejugé*, qui ſignifie proprement illuſion, & *légitime* qui ne convient qu'à ce qui eſt raiſonnable. Il pouſſa ſes préjugés très illégitimes juſqu'à dire que ſi le venin ne paraiſſait pas dans le premier volume, on l'apercevrait ſans doute dans les ſuivants. Il rendait les Enciclopédiſtes coupables, non pas de ce qu'ils avaient dit, mais de ce qu'ils diraient.

Comme il faut des témoins dans un procès criminel, il produiſait St. Auguſtin & Cicéron; & ces témoins étaient d'autant plus irréprochables qu'on ne pouvait convaincre Abraham Chaumeix d'avoir eu avec eux le moindre commerce. Les cris de quelques énergumènes joints à ceux de cet inſenſé, excitèrent une aſſez longue perſécution; mais qu'eſt-il arrivé? la même choſe qu'à la ſaine philoſophie, à l'émétique, à la circulation du ſang, à l'inoculation: tout cela fut proſcrit pendant quelque temps, & a triomphé enfin de l'ignorance, de la bêtise & de l'envie ; le Dictionnaire Enciclopédique, malgré ses défauts, a subsisté, & Abraham Chaumeix est allé cacher sa honte à Moscou. On dit que l'Impératrice l'a forcé à être sage ; c'est un des prodiges de son règne.

LET-

NEUVIEME LETTRE.

Sur les Juifs.

DE tous ceux qui ont attaqué la Religion Chrêtienne dans leurs écrits, les Juifs feraient peut-être les plus à craindre; & si on ne leur opposait pas les miracles de nôtre Seigneur Jésus-Christ, il serait fort difficile à un savant médiocre de leur tenir tête. Ils se regardent comme les fils ainés de la maison, qui en perdant leur héritage ont conservé leurs titres. Ils ont employé une sagacité profonde à expliquer toutes les prophéties à leur avantage. Ils prétendent que la loi de Moyse leur a été donnée pour être éternelle, qu'il est impossible que Dieu ait changé, & qu'il se soit parjuré; que nôtre Sauveur lui-même en est convenu. Ils nous objectent que selon Jésus-Christ aucun point, aucun ïota de la loi ne doit être transgressé; que Jésus était venu pour accomplir la loi,

& non pour l'abolir ; qu'il en a observé tous les commandements ; qu'il a été circomcis ; qu'il a gardé le sabbath, solemnisé toutes les fêtes ; qu'il est né Juif, qu'il a vécu Juif, qu'il est mort Juif ; qu'il n'a jamais institué une Religion nouvelle ; que nous n'avons pas une seule ligne de lui ; que c'est nous, & non pas lui qui avons fait la Réligion Chrêtienne.

Il ne faut pas qu'un Chrêtien hazarde de disputer contre un Juif, à moins qu'il ne sache la langue Hébraïque comme sa langue maternelle : ce qui seul peut le mettre en état d'entendre les Prophéties & de répondre aux Rabins. Voici comme s'exprime Joseph Scaliger dans ses Excerpta. „ Les „ Juifs sont subtils ; que Justin a écrit „ misérablement contre Triphon ! & „ Tertulien plus mal encore ! Qui veut „ réfuter les Juifs doit connaître à fond „ le Judaïsme. Quelle honte ! Les „ Chrétiens écrivent contre les Chrê- „ tiens, & n'osent écrire contre les Juifs.

Le Toldos Jeschut est le plus ancien écrit Juif qui nous ait été transmis contre nôtre Réligion. C'eſt une vie de Jéſus-Chriſt toute contraire à nos Saints Evangiles; elle parait être du premier ſiècle, & même écrite avant les Evangiles; car l'Auteur ne parle pas d'eux: & probablement il aurait tâché de les réfuter s'il les avait connus. Il fait Jéſus fils adultérin de Miriah ou Mariah & d'un ſoldat nommé Joſeph Pander; il raconte que lui & Judas voulurent chacun ſe faire chef de Secte; que tous deux ſemblaient opérer des prodiges par la vertu du nom de Jéhova qu'ils avaient apris à prononcer comme il le faut pour faire les conjurations. C'eſt un ramas de rêveries Rabiniques fort au deſſous des Mille & une nuits. Origène le réfuta, & c'était le ſeul qui le pouvait faire; car il fut preſque le ſeul père Grec ſavant dans la langue Hébraïque.

Les Juifs Théologiens n'écrivirent guères plus raiſonnablement juſqu'au onziéme ſiècle: alors éclairés par les Arabes devenus la ſeule nation ſavante, ils mirent plus de jugement dans leurs ouvrages: ceux du Rabin Aben Eſra furent très estimés : il fut chez les Juifs le fondateur de la raison autant qu'on la peut admettre dans les disputes de ce genre. Spinosa s'est beaucoup servi de ses ouvrages.

Longtemps après Aben-Esra vint Maimonides au treiziéme siècle : il eut encor plus de réputation. Depuis ce temps-là jusqu'au seiziéme, les Juifs eurent des livres intelligibles, & par conséquent dangereux ; ils en imprimèrent quelques-uns dès la fin du siècle quinziéme. Le nombre de leurs manuscrits était considérable. Les Théologiens Chrêtiens craignirent la séduction ; ils firent bruler les livres Juifs sur lesquels ils purent mettre la main ; mais ils ne purent ni trouver tous les livres, ni convertir jamais un seul homme de cette Religion. On a vû, il est vrai, quelques Juifs feindre d'abjurer, tantôt par avarice, tantôt par terreur ; mais aucun n'a jamais embrassé le Christianisme de bonne foi : un Carthaginois aurait plutôt pris le parti de Rome qu'un Juif ne se serait fait Chrêtien. Orobio parle de quelques

Rabins Espagnols & Arabes qui abjurèrent & devinrent Evêques en Espagne; mais il se garde bien de dire qu'ils eussent renoncé de bonne foi à leur Religion.

Les Juifs n'ont point écrit contre le Mahométisme ; ils ne l'ont pas à beaucoup près dans la même horreur que nôtre doctrine ; la raison en est évidente ; les Musulmans ne font point un Dieu de Jésus - Christ.

Par une fatalité qu'on ne peut assez déplorer, plusieurs Savants Chrêtiens ont quitté leur Religion pour le Judaïsme. Rittangel Professeur des langues Orientales à Kœnisberg dans le 17e. siècle embrassa la loi Mosaïque. Antoine, Ministre à Genève, fut brulé pour avoir abjuré le Christianisme en faveur du Judaïsme en 1632. Les Juifs le comptent parmi les martyrs qui leur font le plus d'honneur. Il fallait que sa malheureuse persuasion fût bien forte, puisqu'il aima mieux souffrir le plus affreux suplice que se rétracter.

On lit dans le Nissachon Vetus, c'est-à-dire, le livre de l'ancienne victoire, un trait concernant la ſupériorité de la loi Moſaïque ſur la Chrêtienne & ſur la Perſanne, qui eſt bien dans le goût oriental. Un Roi ordonne à un Juif, à un Galiléen & à un Mahométan de quitter chacun ſa Religion, & leur laiſſe la liberté de choiſir une des deux autres; mais s'ils ne chargent pas, le bourreau eſt là qui va leur trancher la tête. Le Chrêtien dit, Puiſqu'il faut mourir ou changer, j'aime mieux être de la Réligion de Moyſe que de celle de Mahomet, car les Chrêtiens ſont plus anciens que les Muſulmants, & les Juifs plus anciens que Jéſus; je me fais donc Juif. Le Mahométan dit, Je ne puis me faire chien de Chrêtien, j'aime encor mieux me faire chien de Juif, puiſque ces Juifs ont le droit de primauté. Sire, dit le Juif, Vôtre Majeſté voit bien que je ne puis embraſſer ni la loi du Chrêtien, ni celle du Mahométan, puiſque tous deux ont donné la préférence à la mienne. Le Roi fut touché de cette raiſon, renvoya ſon bourreau, & ſe fit Juif. Tout ce qu'on peut inférer de cette hiſtoriette, c'eſt que les princes ne doivent pas avoir des bourreaux pour Apôtres.

Cependant, les Juifs ont eu des docteurs rigides & ſcrupuleux, qui ont craint que leurs compatriotes ne ſe laiſſaſſent ſubjuguer par les Chrêtiens. Il y a eu entr'autres un Rabin nommé Beccai, dont voici les paroles : *Les ſages défendent de prêter de l'argent à un chrétien, de peur que le créancier ne ſoit corrompu par le débiteur. Mais un Juif peut emprunter d'un Chrétien ſans crainte d'être ſéduit par lui, car le débiteur évite toujours ſon créancier.*

Malgré ce beau conſeil les Juifs ont toujours prêté à une groſſe uſure aux chrêtiens, & n'en ont pas été plus convertis.

Après le fameux Niſſachon Vétus, nous avons la rélation de la diſpute du Rabin Zéchiel, & du Dominicain frère Paul dit Ciriaque. C'eſt une conférence tenue entre ces deux ſavants hommes en 1263. en préſence de Dom Jaques Roi d'Arragon & de la Reine ſa femme. Cette conférence eſt très mémorable. Les deux Athlètes étaient ſavants dans l'hébreu & dans l'antiquité. Le Talmud, le Targum, les archives du Sanhédrin étaient ſur la table. On expliquait en Eſpagnol les endroits conteſtés. Zéchiel ſoutenait que Jéſus avait été condamné ſous le Roi Aléxandre Jannée, & non ſous Hérode le Tétraſque, conformément à ce qui eſt raporté dans le Toldos Jeſchut & dans le Talmud. Vos Evangiles, diſait-il, n'ont été écrits que vers le commencement de vôtre ſecond ſiècle, & ne ſont point autentiques comme nôtre Talmud. Nous n'avons pu crucifier celui dont vous nous parlez du temps d'Hérode le Tétrarque, puiſque nous n'avions pas alors le droit du glaive : nous ne pouvons l'avoir crucifié, puiſque ce ſuplice n'était point en uſage parmi nous? Nôtre Talmud porte que celui qui périt du temps de Jannée fut condamné à être lapidé. Nous ne pouvons pas plus croire vos Evangiles que les Lettres prétendues de Pilate que vous avez ſupoſées. Il était aiſé de renverſer cette vaine érudition Rabinique. La Reine finit la diſpute en demandant aux Juifs pourquoi ils puaient ?

Ce même Zéchiel eut encor plusieurs autres conférences dont un de ses disciples nous rend compte. Chaque parti s'attribua la victoire, quoiqu'elle ne pût être que du côté de la vérité.

Le *rempart de la foi* écrit par un Juif nommé Isaac, trouvé en Afrique, est bien supérieur à la rélation de Zéchiel qui est très confuse, & remplie de puérilités. Isaac est méthodique & très bon dialecticien : jamais l'erreur n'eut peut-être un plus grand apui. Il a rassemblé sous cent propositions toutes les difficultés que les incrédules ont prodiguées depuis.

C'est-là qu'on voit les objections contre les deux Généalogies de Jésus-Christ qui sont différentes l'une de l'autre.

Contre toutes les citations des passages des Prophétes qui ne se trouvent point dans les livres Juifs.

Contre la Divinité de Jésus-Christ, qui n'est pas expressément annoncée dans les Evangiles ; mais qui n'en est pas moins prouvée par les saints Conciles.

Contre l'opinion que Jésus n'avait point de frères ni de sœurs.

Contre les différentes rélations des Evangéliſtes que l'on a cependant conciliées.

Contre l'hiſtoire du Lazare.

Contre les prétendues falſifications des anciens livres canoniques.

Enfin les incrédules les plus déterminés n'ont preſque rien allégué qui ne ſoit dans ce rempart de la foi du Rabin Iſaac. On ne peut faire un crime aux Juifs d'avoir eſſayé de ſoutenir leur antique Réligion aux dépens de la nôtre : on ne peut que les plaindre ; mais quels reproches ne doit-on pas faire à ceux qui ont profité des diſputes des Chrêtiens & des Juifs pour combattre l'une & l'autre Réligion ! Plaignons ceux qui effrayés de dix-ſept ſiècles de contradictions, & laſſés de tant de diſputes, ſe ſont jettés dans le Théïſme, & n'ont voulu admettre qu'un Dieu avec une morale pure. S'ils ont conſervé la charité, ils ont abandonné la foi ; ils ont crû être hommes au lieu d'être Chrêtiens. Ils devaient être ſoumis, & ils n'ont aſpiré qu'à être ſages ! Mais combien la folie de la croix est-elle supérieure à cette sagesse! comme dit l'Apôtre Paul.

D'Orobio.

Orobio était un Rabin si savant qu'il n'avait donné dans aucune des rêveries qu'on reproche à tant d'autres Rabins; profond sans être obscur, possédant les belles-Lettres, homme d'un esprit agréable, & d'une extrême politesse. Philippe Limborch Théologien du parti des Arminiens dans Amsterdam, fit connaissance avec lui vers l'an 1685: ils disputèrent longtemps ensemble, mais sans aucune aigreur, & comme deux amis qui veulent s'éclairer. Les conversations éclaircissent bien rarement les sujets qu'on traite; il est difficile de suivre toujours le même objet & de ne pas s'égarer; une question en amène une autre. On est tout étonné au bout d'un quart d'heure de se trouver hors de sa route. Ils prirent le parti de mettre par écrit les objections & les réponses, qu'ils firent ensuite imprimer tous deux en 1687. C'est peut-être la premiére dispute entre deux Théologiens dans laquelle on ne se soit pas dit des injures ; au contraire les deux adversaires se traitent l'un & l'autre avec respect.

Limborch réfute les sentiments du très savant & très illustre Juif, qui réfute avec les mêmes formules les opinions du très savant & très illustre Chrêtien. Orobio même ne parle jamais de Jésus-Christ qu'avec la plus grande circonspection. Voici le précis de la dispute.

Orobio soutient d'abord que jamais il n'a été ordonné aux Juifs par leur loi de croire à un Messie.

Qu'il n'y a aucun passage dans l'ancien Testament qui fasse dépendre le salut d'Israël de la foi au Messie.

Qu'on ne trouve nulle part qu'Israël ait été menacé de n'être plus le peuple choisi s'il ne croyait pas au futur Messie.

Que dans aucun endroit il n'est dit que la loi Judaïque soit l'ombre & la figure d'une autre loi ; qu'au contraire il est dit par-tout que la loi de Moyse doit être éternelle.

Que tout prophète même qui ferait des miracles pour changer quelque chose à la loi Mosaïque, devait être puni de mort.

Qu'à la vérité quelques Prophètes ont prédit aux Juifs dans leurs calamités, qu'ils auraient un jour un libérateur; mais que ce libérateur serait le soutien de la loi Mosaïque au lieu d'en être le destructeur.

Que les Juifs attendent toujours un Messie, lequel sera un Roi puissant & juste.

Qu'une preuve de l'immutabilité éternelle de la Réligion Mosaïque est que les Juifs dispersés sur toute la terre, n'ont jamais cependant changé une seule virgule à leur loi, & que les Israëlites de Rome, d'Angleterre, de Hollande, d'Allemagne, de Pologne, de Turquie, de Perse, ont constamment tenu la même doctrine depuis la prise de Jérusalem par Titus, sans que jamais il se soit élevé parmi eux la plus petite Secte qui se soit écartée d'une ſeule obſervance, & d'une ſeule opinion de la nation Iſraëlite.

Qu'au contraire, les Chrêtiens ont été diviſés entre eux dès la naiſſance de leur Réligion.

Qu'ils ſont encor partagés en beaucoup plus de Sectes qu'ils n'ont d'Etats, & qu'ils ſe ſont pourſuivis à feu & à ſang les uns les autres pendant plus de douze ſiècles entiers; que ſi l'Apôtre Paul trouva bon que les Juifs continuaſſent à obſerver tous les préceptes de leur loi, les Chrêtiens d'aujourd'hui ne devaient pas leur reprocher de faire ce que l'Apôtre Paul leur a permis.

Que ce n'eſt point par haine & par malice qu'Iſraël n'a point reconnu Jéſus; que ce n'eſt point par des vues baſſes & charnelles que les Juifs ſont attachés à leur loi ancienne; qu'au contraire, ce n'eſt que dans l'eſpoir des biens céleſtes qu'ils lui ſont fidèles, malgré les perſécutions des Babiloniens, des Siriens, des Romains, malgré leur diſperſion & leur oprobre, malgré la haine de tant de nations, &

que l'on ne doit point appeller charnel un peuple entier qui eſt le martyr de Dieu depuis près de quarante ſiècles.

Que ce ſont les Chrêtiens qui ont attendu des biens charnels, témoin preſque tous les premiers pères de l'Egliſe qui ont eſpéré de vivre mille ans dans une nouvelle Jéruſalem au milieu de l'abondance & de tous les délices du corps.

Qu'il eſt impoſſible que les Juifs ayent crucifié le vrai Meſſie, attendu que les Prophètes diſent expreſſément que le Meſſie viendra purger Iſraël de tout péché, qu'il ne laiſſera pas une ſeule ſouillure en Iſraël; que ce ſerait le plus horrible péché & la plus abominable ſouillure, ainſi que la contradiction la plus palpable, que Dieu envoyat ſon Meſſie pour être crucifié.

Que les préceptes du Décalogue étant parfaits, toute nouvelle miſſion était entiérement inutile.

Que la loi Moſaïque n'a jamais eu aucun ſens miſtique.

Que ce ſerait tromper les hommes

de leur dire des choses que l'on devrait entendre dans un sens différent de celui dans lequel elles ont été dites.

Que les Apôtres Chrétiens n'ont jamais égalé les miracles de Moyse.

Que les Evangélistes & les Apôtres n'étaient point des hommes simples ; puisque Luc était médecin, que Paul avait étudié sous Gamaliel, dont les Juifs ont conservé les écrits.

Qu'il n'y avait point du tout de simplicité & d'idiotisme à se faire aporter tout l'argent de leurs néophites ; que Paul loin d'être un homme simple, usa du plus grand artifice en venant sacrifier dans le Temple, & en jurant devant Festus & Agrippa qu'il n'avait rien fait contre la circoncision, & contre la loi du judaïsme.

Qu'enfin les contradictions qui se trouvent dans les Evangiles prouvent que ces livres n'ont pû être inspirés de Dieu.

Limborch répond à toutes ces assertions par les arguments les plus forts que l'on puisse employer. Il eut tant de confiance dans la bonté de sa cause

cause qu'il ne balança pas à faire imprimer cette célèbre dispute ; mais comme il était du parti des Arminiens, celui des Gomaristes le persécuta : on lui reprocha d'avoir exposé les vérités de la Réligion Chrêtienne à un combat dont ses ennemis pouraient triompher. Orobio ne fut point persécuté dans la Sinagogue.

D'Uriel Acosta.

Il arriva à Uriel Acosta dans Amsterdam à peu près la même chose qu'à Spinoza : il quitta dans Amsterdam le Judaïsme pour la Philosophie. Un Espagnol & un Anglais s'étant adressés à lui pour se faire Juifs, il les détourna de ce dessein, & leur parla contre la Réligion des Hébreux : il fut condamné à recevoir trente-neuf coups de fouët à la colonne, & à se prosterner ensuite sur le seuil de la porte ; tous les assistans passèrent sur son corps.

Il fit imprimer cette avanture dans un petit livre que nous avons encor,

& c'eſt là qu'il profeſſe n'être ni Juif, ni Chrétien, ni Mahométan, mais adorateur d'un Dieu. Son petit livre eſt intitulé : *Exemplaire de la vie humaine.* Le même Limborch réfuta Uriel Acoſta, comme il avait réfuté Orobio ; & le Magiſtrat d'Amſterdam ne ſe mêla en aucune maniére de ces querelles.

DIXIEME LETTRE.

Sur Spinosa.

Monseigneur,

IL me semble qu'on a souvent aussi mal jugé la personne de Spinosa que ses ouvrages. Voici ce qu'on dit de lui dans deux Dictionnaires Historiques :

„ Spinosa avait un tel désir de s'im-
„ mortaliser qu'il eût sacrifié volontiers
„ à cette gloire la vie présente, eût-
„ il fallu être mis en piéces par un
„ peuple mutiné : les absurdités du Spi-
„ nosisme ont été parfaitement réfutées
„ par Jean Bredembourg Bourgeois de
„ Rotterdam.

Autant de mots autant de faussetés. Spinosa était précisément le contraire du portrait qu'on trace de lui. On doit détester son Athéïsme, mais on ne doit pas mentir sur sa personne. Jamais homme ne fut plus éloigné en tout sens de la vaine gloire, il le faut avouer, ne le calomnions pas en la condamnant. Le Ministre Colérus qui habita longtemps la propre chambre où Spinosa mourut, avoue avec tous ses contemporains, que Spinosa vécut toujours dans une profonde retraite, cherchant à se dérober au monde, ennemi de toute superfluité, modeste dans la conversation, négligé dans ses habillements, travaillant de ses mains, ne mettant jamais son nom à aucun de ses ouvrages: ce n'est pas là le caractère d'un ambitieux de gloire.

A l'égard de Bredembourg, loin de le réfuter parfaitement bien, j'ose croire qu'il le réfuta parfaitement mal: j'ai lû cet ouvrage, & j'en laisse le jugement à quiconque comme moi aura la patience de le lire. Bredembourg fut si loin de confondre nettement Spinosa, que lui-même effrayé de la faiblesse de ses réponses, devint malgré lui le disciple de celui qu'il avait attaqué: grand exemple de la misére & de l'inconstance de l'esprit humain.

La vie de Spinosa est écrite assez en détail, & assez connue pour que je n'en raporte rien ici. Que Vôtre Altesse me permette seulement de faire avec elle une réflexion sur la maniére dont ce Juif jeune encor fut traité par la Sinagogue. Accusé par deux jeune gens de son âge de ne pas croire à Moyse, on commença, pour le remettre dans le bon chemin, par l'assassiner d'un coup de couteau au sortir de la Comédie; quelques-uns disent au sortir de la Sinagogue, ce qui est plus vraisemblable.

Après avoir manqué son corps, on ne voulut pas manquer son ame; il fut procédé à l'excommunication majeure, au grand anathème, au Chammata. Spinosa prétendit que les Juifs n'étaient pas en droit d'exercer cette espèce de jurisdiction dans Amsterdam. Le Conseil de Ville renvoya la décision de cette affaire au Consistoire des Pasteurs; ceux-ci conclurent que si la Sinagogue avait ce droit, le Consistoire en jouïrait à plus forte raison: le Consistoire donna gain de cause à la Sinagogue.

Spinosa fut donc proscrit par les Juifs

avec la grande cérémonie : le chantre Juif entonna les paroles d'exécration ; on ſonna du cor, on renverſa goute à goute des bougies noires dans une cuve pleine de ſang ; on dévoua Benoit Spinoſa à Belzébuth, à Sathan, & à Aſtaroth, & toute la Sinagogue cria amen !

Il eſt étrange qu'on ait permis un tel acte de juriſdiction qui reſſemble plutôt à un Sabbath de ſorciers qu'à un jugement intégre. On peut croire que ſans le coup de couteau & ſans les bougies noires éteintes dans le ſang, Spinoſa n'eût jamais écrit contre Moyſe & contre Dieu. La perſécution irrite ; elle enhardit quiconque ſe ſent du génie ; elle rend irréconciliable celui que l'indulgence aurait retenu.

Spinoſa renonça au Judaïſme, mais ſans ſe faire jamais Chrêtien. Il ne publia ſon traité des cérémonies ſuperſtitieuſes, autrement *Tractatus Theologico-politicus*, qu'en 1670 environ huit ans après ſon excommunication. On a prétendu trouver dans ce livre les ſemences de ſon Athéïſme, par la même raison qu'on trouve toujours la phisionomie mauvaise à un homme qui a fait une méchante action. Ce livre est si loin de l'Athéïsme, qu'il y est souvent parlé de Jésus-Christ comme de l'envoyé de Dieu. Cet ouvrage est très profond, & le meilleur qu'il ait fait; j'en condamne sans doute les sentiments, mais je ne puis m'empêcher d'en estimer l'érudition. C'est lui, ce me semble, qui a remarqué le premier que le mot Hébreu *Ruhag*, que nous traduisons par *ame*, signifiait chez les Juifs le vent, le soufle, dans son sens naturel; que tout ce qui est grand portait le nom de divin; les Cèdres de Dieu; les vents de Dieu; la mélancolie de Saül mauvais esprit de Dieu; les hommes vertueux enfans de Dieu.

C'est lui qui le premier a dévelopé le dangereux sistême d'Aben-Esra, que le Pentateuque n'a point été écrit par Moyse, ni le livre de Josué par Josué: ce n'est que d'après lui que Le Clerc, plusieurs Théologiens de Hollande, & le célèbre Neuton, ont embrassé ce sentiment.

Neuton différe de lui seulement en ce qu'il attribue à Samuel les livres de Moyse, au lieu que Spinosa en fait Esdras auteur. On peut voir toutes les raisons que Spinosa donne de son sistême dans son 8, 9 & 10e. chapitre ; on y trouve beaucoup d'exactitude dans la Chronologie ; une grande science de l'histoire, du langage & des mœurs de son ancienne patrie ; plus de méthode & de raisonnement que dans tous les Rabins ensemble. Il me semble que peu d'écrivains avant lui avaient prouvé nettement que les Juifs reconnaissaient des Prophêtes chez les Gentils : en un mot, il a fait un usage coupable de ses lumiéres, mais il en avait de très grandes.

Il faut chercher l'Athéïsme dans les anciens Philosophes ; on ne le trouve à découvert que dans les Oeuvres posthumes de Spinosa. Son traité de l'Athéïsme n'étant point sous ce titre, & étant écrit dans un Latin obscur, & d'un stile très sec, Mr. le Comte de Boulainvilliers l'a réduit en Français sous le titre de Réfutation de

Spinosa : nous n'avons que le poison, Boulainvilliers n'eut pas le temps aparemment de donner l'antidote.

Peu de gens ont remarqué que Spinosa dans son funeste livre, parle toujours d'un être infini & suprême ; il annonce Dieu en voulant le détruire. Les arguments dont Bayle l'accable, me parairaient sans replique, si en effet Spinosa admetrait un Dieu ; car ce Dieu n'étant que l'immensité des choses, ce Dieu étant à la fois la matiére & la pensée, il est absurde, comme Bayle l'a très bien prouvé, de suposer que Dieu soit à la fois agent & patient, cause & sujet, faisant le mal & le souffrant, s'aimant, se haïssant lui-même ; se tuant, se mangeant. Un bon esprit, ajoute Bayle, aimerait mieux cultiver la terre avec les dents & les ongles, que de cultiver une hipothèse aussi choquante & aussi absurde ; car, selon Spinosa, ceux qui disent, les Allemands ont tué dix mille Turcs, parlent mal & faussement ; ils doivent dire, Dieu modifié en dix mille Allemands a tué Dieu modifié en dix mille Turcs.

Bayle a très grande raiſon ſi Spinoſa reconnait un Dieu; mais le fait eſt qu'il n'en reconnait point du tout, & qu'il ne s'eſt ſervi de ce mot ſacré que pour ne pas trop effaroucher les hommes.

Entêté de Deſcartes il abuſe de ce mot également célèbre & inſenſé de Deſcartes, *donnez moi du mouvement & de la matière, & je vais former un monde.*

Entêté encor de l'idée incompréhenſible, & antiphiſique, que tout eſt plein, il s'eſt imaginé qu'il ne peut exiſter qu'une ſeule ſubſtance, un ſeul pouvoir qui raiſonne dans les hommes, ſent & ſe ſouvient dans les animaux, étincelle dans le feu, coule dans les eaux, roule dans les vents, gronde dans le tonnerre, végète ſur la terre, eſt étendu dans tout l'eſpace.

Selon lui, tout eſt néceſſaire, tout eſt éternel; la création eſt impoſſible; point de deſſein dans la ſtructure de l'univers, dans la permanence des eſpèces & dans la ſucceſſion des individus. Les oreilles ne ſont plus faites pour entendre, les yeux pour voir, le cœur pour recevoir & chasser le sang, l'estomac pour digérer, la cervelle pour penser, les organes de la génération pour donner la vie: & des desseins divins ne sont que les effets d'une nécessité aveugle.

Voilà au juste le sistême de Spinosa: Voilà, je crois, les côtés par lesquels il faut attaquer sa citadelle, citadelle bâtie (si je ne me trompe) sur l'ignorance de la physique, & sur l'abus le plus monstrueux de la métaphysique.

Il semble, & on doit s'en flater, qu'il y ait aujourd'hui peu d'athées. L'auteur de la Henriade a dit, *un catéchiste annonce Dieu aux enfans, & Newton le démontre aux sages.* Plus on connait la nature, plus on adore son auteur.

L'athéïsme ne peut faire aucun bien à la morale, & peut lui faire beaucoup de mal. Il est presque aussi dangereux que le fanatisme. Vous êtes, Monseigneur, également éloigné de l'un & de l'autre, & c'est ce qui autorise la liberté que j'ai prise de mettre la vérité sous vos yeux sans aucun déguisement. J'ai répondu à toutes vos questions, depuis ce boufon savant de Rabelais jusqu'au téméraire métaphisicien Spinosa.

J'aurais pu joindre à cette liste une foule de petits livres qui ne sont guères connus que des bibliothécaires; mais j'ai craint qu'en multipliant le nombre des coupables, je ne parusse diminuer l'iniquité. J'espère que le peu que j'ai dit affermira Vôtre Altesse dans ses sentimens pour nos dogmes & pour nos écritures, quand elle verra qu'elles n'ont été combattues que par des Stoïciens entêtés, par des savants enflés de leur science, par des gens du monde qui ne connaissent que leur vaine raison, par des plaisants qui prennent des bons mots pour des arguments, par des Théologiens enfin qui au lieu de marcher dans les voyes de Dieu se sont égarés dans leurs propres voyes.

Encore une fois, ce qui doit consoler une ame aussi noble que la vôtre, c'est que le Théisme qui perd aujourd'hui tant d'ames, ne peut jamais nuire ni à la paix des Etats, ni à la douceur de la societé. La controverse a fait couler partout le sang, & le Théisme l'a étanché. C'est un mauvais remède, je l'avoue, mais il a guéri les plus cruelles blessures. Il est excellent pour cette vie, s'il est déteftable pour l'autre. Il damne furement son homme, mais il le rend paisible.

Vôtre pays a été autrefois en feu pour des arguments, le Théisme y a porté la concorde. Il est clair que si Poltrot, Jaques Clément, Jaurigni, Baltasar Gérard, Jean Chatel, Damien, le Jésuite Malagrida, &c. &c. &c. avaient été des Théistes, il y aurait eu moins de Princes assassinés.

A Dieu ne plaise que je veuille préférer le Théisme à la sainte religion des Ravaillacs, des Damiens, des Malagrida qu'ils ont méconnue & outragée! Je dis seulement qu'il est plus agréable de vivre avec des théistes qu'avec des Ravaillacs & des Brinvilliers qui vont à confesse; & si Vôtre Altesse n'est pas de mon avis, j'ai tort.

FIN.

ER-

ERRATA.

Pag. 25. *ligne* 10. lui valut, *corrigez*, lui valurent.

Pag. 65. *ligne* 11. Plus de ſoupçons que d'empoiſonneurs, *corrigez*, Plus de ſoupçons d'empoiſonnements que d'empoiſonneurs.

Pag. 77. *ligne* 7. L'aſtronome Plégon, *corrigez* L'aſtronome Phlégon.

Pag. 78. *ligne* 11. Enegue, *corrigez* Enegu. & reformez cette faute partout où elle eſt.

Pag. 79. *ligne* 8. Rligion, *corrigez* Religion.

TA-

TABLE

Des Piéces contenues dans ce Volume.

www.ingramcontent.com/pod-product-compliance
Ingram Content Group UK Ltd.
Pitfield, Milton Keynes, MK11 3LW, UK
UKHW020607180726
13838UKWH00001B/478

9 782329 265520